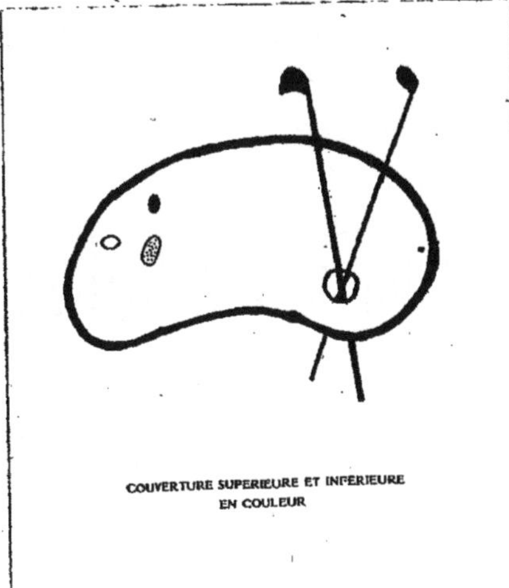

COUVERTURE SUPÉRIEURE ET INFÉRIEURE
EN COULEUR

RECTO ET VERSO

SOUS LES CÈDRES

DU LIBAN

ou

Les Bienfaits de la Civilisation chrétienne

EN ORIENT

PAR

GASTON DECOMBEJEAN

PARIS

G. DECOMBEJEAN, Éditeur

3, Rue Perronet

SOUS LES CÈDRES

DU LIBAN

ou

Les Bienfaits de la Civilisation chrétienne

EN ORIENT

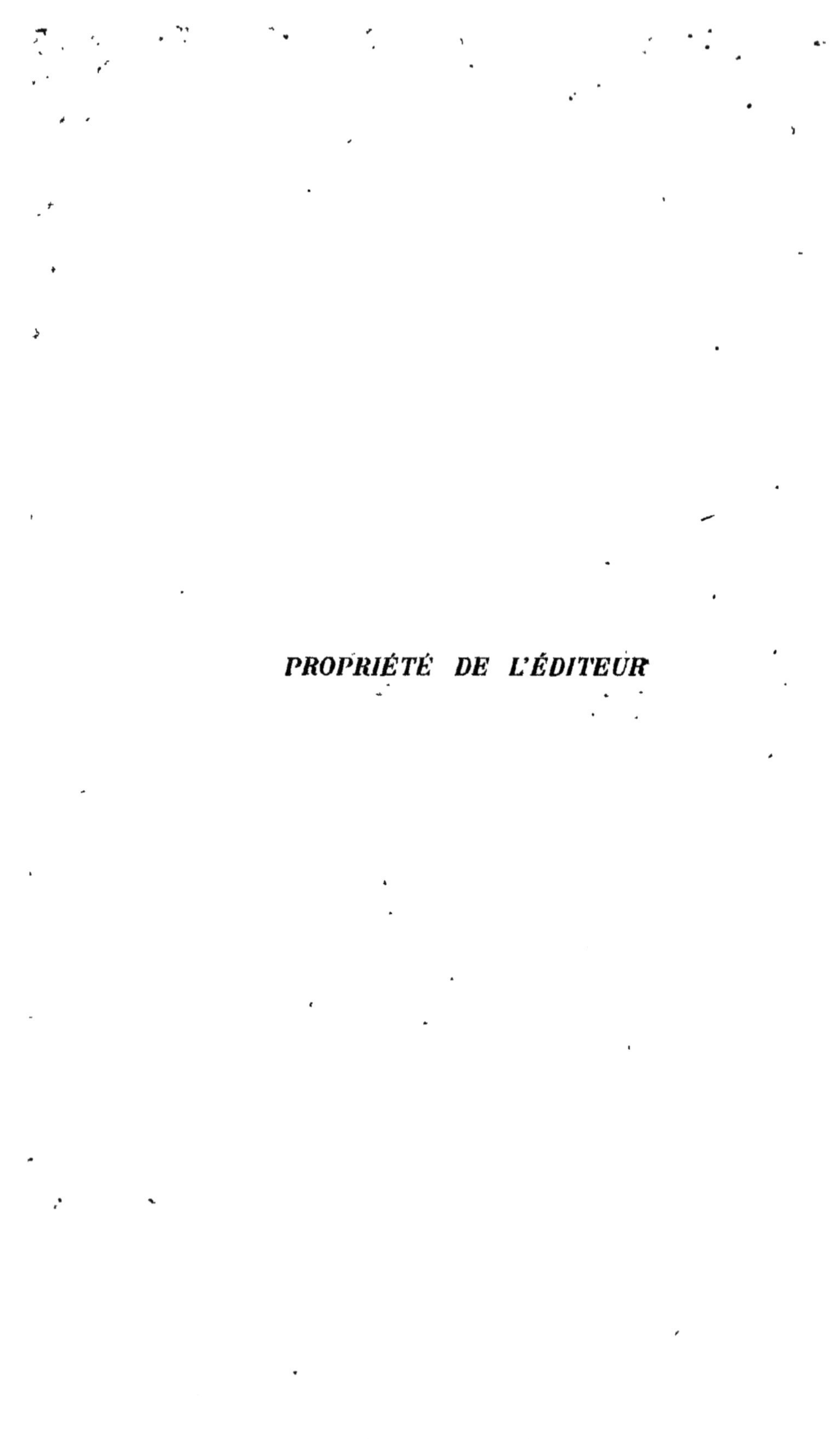

1248
1860
LIBANUS

GASTON DECOMBEJEAN

SOUS LES CÈDRES

DU LIBAN

OU

Les Bienfaits de la Civilisation chrétienne

EN ORIENT

PARIS

DECOMBEJEAN, ÉDITEUR

3, rue Perronet

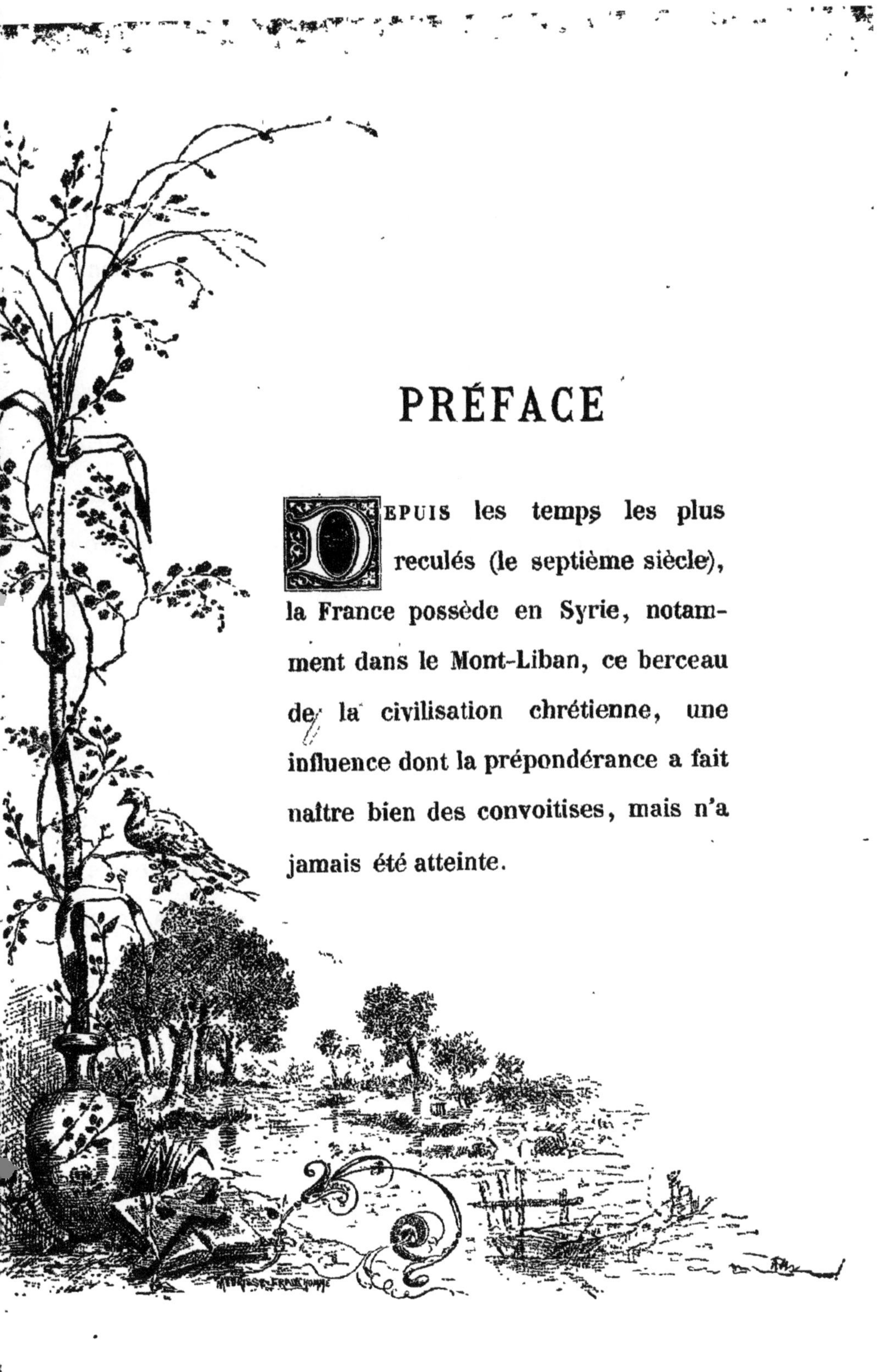

PRÉFACE

EPUIS les temps les plus reculés (le septième siècle), la France possède en Syrie, notamment dans le Mont-Liban, ce berceau de la civilisation chrétienne, une influence dont la prépondérance a fait naître bien des convoitises, mais n'a jamais été atteinte.

On s'étonne de la force et de la persévérance de
ce prestige national, là où la pensée seule le maintient,
quand on envisage ce que coûtent à une nation des
protectorats qu'elle possède outre mer.

Mais, ici, il ne s'agit point d'une influence acquise
par les moyens violents qui sont, dans la majorité des
cas, employés par les États pour conquérir un protectorat.

La civilisation faite à coups de canon, si elle est
acceptée par nos mœurs et est souvent une nécessité,
ne répond pas toujours aux espérances des civilisateurs.
Il est absolument certain que les conquêtes de ce genre
ne seraient qu'éphémères, et l'histoire le démontre,
si elles n'étaient suivies des conquêtes morales, faites
par les apôtres du Christ, les Missionnaires.

Soldats aussi, ceux-là, mais soldats du Christianisme,
de l'Idée, qui sont toujours victorieux, parce qu'ils
combattent l'esprit et l'âme ; parce que leurs armes

sont l'amour, le pardon, l'exemple des plus sublimes dévouements.

Fils de France, ce sont eux qui ont maintenu si haut, en Syrie, sous les cèdres séculaires du Liban, le drapeau national, à côté du drapeau turc dont les plis se confondent en une amitié que rien n'a pu briser.

Et cependant, que de tentatives ont été faites, et se font encore, pour nous atteindre dans notre prépondérance. Mais les trois couleurs, partout où elles flottent, dégagent comme une atmosphère de libertés vraies, de noblesse chevaleresque, qui provoquent un enthousiasme admirateur et en font désirer la maîtrise.

Lorsque, aux côtés de l'éclatant emblème national, se dresse l'étendard de la Foi, l'étendard invincible que les missionnaires vont porter sur tous les points du globe, il se dégage, encore, comme un sentiment de tendresse affectueuse, de sollicitude sincère, d'espérances ici-bas et en l'au-delà, qui attache et fait aimer.

On sait bien dans le monde que la France, fille aînée de l'Église, de par la genèse même de son origine, brillera toujours dans le cadre des nations prépondérantes.

Ses fils savent mourir pour l'honorer et la faire honorer.

Il nous appartient d'être fiers et jaloux de notre dignité nationale : La France, comme le Christ, dont elle semble devoir continuer la mission civilisatrice, a gravi son Golgotha pour la rénovation sociale. Les événements politiques, les guerres, les révolutions, les périodes les plus épouvantables, ont pu teindre de sang quelques pages de son histoire, ils n'ont jamais amoindri sa noblesse, ils n'ont jamais arrêté sa charité et son amour.

Du haut de son calvaire même, le phare de sa civilisation a continué d'éclairer le monde !

Jeunes gens, pour qui j'écris ce livre, n'oubliez

jamais que le pays dont vous avez l'honneur d'être les enfants, possède la plus radieuse couronne de gloire qui puisse briller au front d'une nation : La Foi.

N'oubliez jamais que le patriotisme, dont vos cœurs doivent être remplis, est fait d'apostolat, c'est-à-dire de travail, d'amour et de dévouement ; qu'il vous incombe, comme un devoir sacré, d'être patriotes.

Aimez la France, respectez ses institutions généreuses, obéissez à ses lois : vous êtes l'avenir, rendez-vous dignes du passé glorieux que nous ont légué nos pères.

« Pour la Patrie ! ».

Voilà la devise du Français ; ne l'oubliez jamais, car celui qui l'oublie est un indigne.

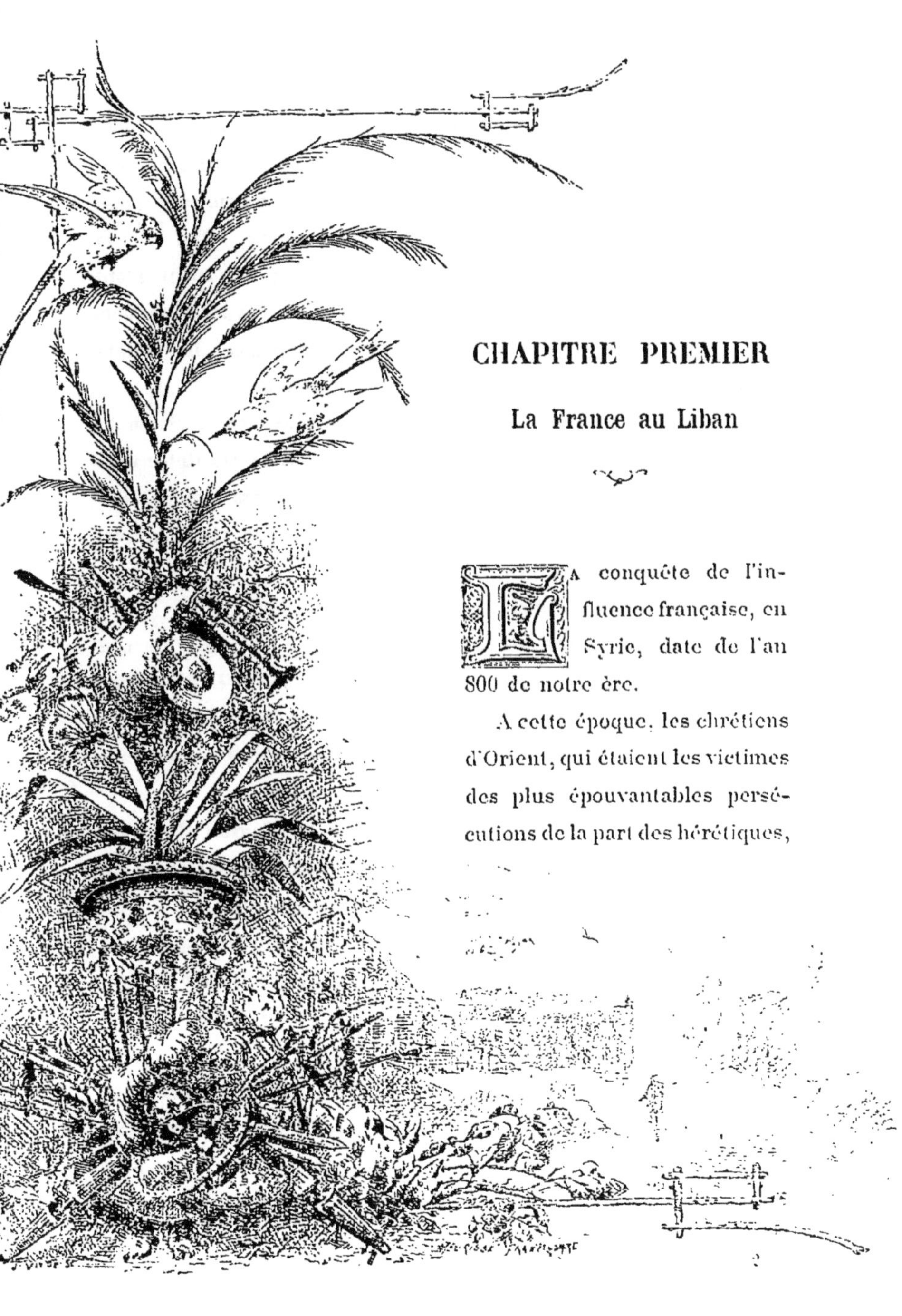

CHAPITRE PREMIER

La France au Liban

L A conquête de l'in-
fluence française, en
Syrie, date de l'an
800 de notre ère.

A cette époque, les chrétiens
d'Orient, qui étaient les victimes
des plus épouvantables persécutions de la part des hérétiques,

persécutions si souvent renouvelées depuis, et jusqu'en 1860, furent placés sous la protection des Francs par le roi Charlemagne.

La déclaration de ce protectorat fut faite l'année même où le pape Léon III couronnait empereur d'Occident l'illustre chef de la dynastie carlovingienne. Depuis lors, les chrétiens d'Orient n'ont jamais cessé d'être soutenus par les chrétiens de France, auxquels ils faisaient appel chaque fois que, leur vie menacée, ils étaient impuissants à la défendre, par l'infériorité du nombre.

Pendant la période des Croisades, on les retrouve successivement combattant sous la conduite de Pierre l'Ermite et de Gauthier sans Avoir. Ils furent, en cette circonstance, les premières victimes des fureurs du sultan de Nicée, qui fit exterminer l'armée indisciplinée, composant cette première Croisade.

Ce baptême du sang devait nous attacher leur race.

Godefroy de Bouillon les compta aussi dans les rangs de son armée, lorsqu'il vainquit à Nicée, à Tarte, à Antioche et à Jérusalem.

A cette époque, Godefroy de Bouillon fut nommé roi de Jérusalem et de nombreux Lorrains qui l'avaient suivi en Terre-Sainte s'établirent dans ce pays.

Les chrétiens du Liban furent les sauveurs de Conrad III et de Louis VII le Jeune, qui leur durent de ne pas périr sous les murs de Damas, en 1149.

La Croisade, commandée par Barberousse, Philippe-Auguste et Richard Cœur de Lion, a été prêchée par l'archevêque Syrien de Tyr. L'armée qui l'entreprit était, en grande partie, composée de Libanais.

Lorsque saint Louis entreprit la septième Croisade, en 1248, les chrétiens d'Orient, auxquels cette expédition fournissait une nouvelle occasion de fraterniser avec les Français, se portèrent en masse à la rencontre du roi. Au nombre de 25,000, ils prirent place dans son armée et ne se séparèrent plus de lui jusqu'à sa mort. Le premier document qui justifie des relations entre les Libanais et les Français et qui établit la protection française, cause de notre influence en Syrie, date de cette époque.

Saint Louis, en effet, après la défaite de Mansourah, faisait dans une lettre adressée au prince des Maronites du Mont-Liban les déclarations suivantes :

LOUIS, ROI DE FRANCE,

Au Prince des Chrétiens du Mont-Liban ainsi qu'aux Patriarches et Évêques de cette nation.

« Notre cœur s'est rempli de joie lorsque nous avons vu votre fils Simon, à la tête de vingt-cinq mille hommes, venir nous trouver, de votre part, pour nous apporter l'expression de vos sentiments affectueux et nous offrir des dons magnifiques.

« En vérité, la sincère amitié que nous avons commencé à ressentir si vivement pour les Maronites, pendant notre séjour en Chypre, où ils sont établis, s'est accrue encore bien davantage.

« Nous sommes persuadé que cette nation, que nous trouvons établie sous le nom de Maron, est une partie de la nation française, car son amitié pour les Français ressemble à l'amitié que les Français se portent entre eux (1).

---

(1) Cette supposition de saint Louis est justifiée par l'établissement à Jérusalem des Lorrains qui avaient suivi Godefroy de Bouillon, duc de Lorraine, en Syrie. Ces Lorrains s'unirent pour la plupart à des familles indigènes d'où les noms français que portent certaines familles syriennes tels que les Bassoulles, Dagherre, les Deebs, etc.

« *En conséquence, il est juste que vous et tous les Maronites jouissiez de la même protection dont les Français jouissent près de nous et que vous soyez admis dans les emplois comme ils le sont eux-mêmes.*

« *Nous vous invitons, illustre Prince, à travailler avec zèle au bonheur des habitants du Liban et à vous occuper de créer des nobles parmi les plus dignes d'entre vous comme il est d'usage de le faire en France.*

« *Et vous, seigneur Patriarche, seigneurs Évêques, tout le clergé, et vous peuple maronite, ainsi que votre noble Prince, nous voyons avec une grande satisfaction votre ferme attachement à la religion catholique et votre respect pour le chef de l'Église successeur de saint Pierre à Rome. Nous vous engageons à conserver ce respect et à rester toujours inébranlables dans votre foi.*

« *Quant à nous et à tous ceux qui nous succèderont sur le trône de France, nous promettons de vous donner, à vous et à votre peuple, protection comme aux Français eux-mêmes et de faire constamment ce qui sera nécessaire pour votre bonheur.*

Signé : LOUIS.

Cet acte d'alliance que saint Louis a signé à Saint-Jean-d'Acre, a été scrupuleusement respecté par ses successeurs sur le trône de France.

Louis XIV réitéra la déclaration officielle de la protection que la France accordait aux chrétiens d'Orient, par une lettre datée de Saint-Germain-en-Laye, le 28 avril 1649, dont voici le texte :

S. M. I. le Sultan Abd El Hamid, actuellement régnant.

Louis, par la grâce de Dieu roi de France et de Navarre, à tous ceux que ces présentes lettres verront : salut.

Savoir faisons que, par l'avis de la reine régente, notre très honorée dame et Mère, qu'ayant pris et mis, comme nous prenons et mettons par ces présentes signées de notre main, en notre protection et sauvegarde spéciale, le révérendissime Patriarche et tous les prélats, ecclésiastiques et séculiers chrétiens Maronites qui habitent particulièrement dans le Mont-Liban, nous voulons qu'ils en ressentent l'effet en toutes occurrences, et pour cette fin nous mandons à notre amé et féal le sieur de la Hayewentelay, conseiller en nos conseils et notre ambassadeur au Levant, et à tous ceux qui lui succéderont en cet emploi, de les favoriser ensemble ou séparément, de leurs soins, bons offices, instances et protection, tant à la Porte de Notre très cher et parfait ami le Grand Seigneur, que partout ailleurs que besoin sera, en sorte qu'il ne leur soit fait aucun mauvais traitement, mais au contraire qu'ils puissent librement continuer leurs exercices et fonctions spirituelles.

Enjoignons aux consuls et vice-consuls de la Nation française établis dans les ports et les échelles du Levant, ou autres, arborant la bannière de la France, présent et avenir, de favoriser de tout leur pouvoir ledit sieur patriarche et tous lesdits chrétiens Maronites du Mont-Liban, de faire embarquer sur les vaisseaux français ou autres les jeunes hommes et tous les autres chrétiens qui y voudront passer en chrétienté, soit pour étudier ou pour quelqu'autre affaire que ce soit, sans prendre ni exiger d'eux que l'argent de la nourriture qu'ils leur pourront donner, les traitant avec toute la douceur et la charité possible.

Prions et requérons les illustres et magnifiques Seigneurs et pachas et les Officiers de Sa Hautesse, de favoriser et assister le

sieur archevêque de Tripoli et tous les prélats et chrétiens Maro-
nites, offrant de notre part de faire le semblable pour tous ceux qui
nous seront recommandés de la leur.

Donné à Saint-Germain-en-Laye, le 28ᵉ jour d'avril 1649, et de
notre règne le 6ᵉ.

Signé : LOUIS.

Après lui, Louis XV confirma les promesses de ses prédécesseurs, dans le document suivant, daté de Versailles, le 12 avril 1737 :

Louis, par la grâce de Dieu, roi très chrétien de France et de
Navarre, à tous ceux que ces présentes lettres verront : salut.

Le Patriarche d'Antioche et les chrétiens maronites, établis au
Mont-Liban, nous ont fait représenter que de temps immémorial,
leur nation est sous la protection de la France et de nos glorieux
prédécesseurs dont ils ont ressenti les effets en toutes occasions.

Et ils nous ont très humblement fait supplier de vouloir bien
leur accorder nos lettres de protection et de sauvegarde à l'exemple
du feu roi, notre très honoré Seigneur et bisaïeul qui leur en fit
expédier de pareilles le 28 avril 1649, et voulant de notre part traiter
favorablement les exposants pour ces œuvres et autres bonnes consi-
dérations à ce nous mouvans, Nous les avons pris et mis comme
par les présentes signées de notre main, nous les prenons et mettons
en notre protection et sauvegarde.

Nous voulons qu'ils en ressentent les effets en toutes occurrences et
pour cette fin, nous mandons à Nos amés et féaux, conseillers en
nos conseils et ambassadeurs à Constantinople, consuls et vice-

consuls de la Nation française établis dans les ports et échelles du Levant, présent et avenir, de favoriser de leurs soins, bons offices et protection ledit sieur Patriarche d'Antioche et tous lesdits chrétiens Maronites du Mont-Liban, partout où besoin sera, en sorte qu'il ne leur soit fait aucun mauvais traitement et qu'ils puissent continuer librement leurs exercices et fonctions spirituelles. Tel est notre bon plaisir.

Prions et requérons le grand Empereur des Musulmans, notre très cher et parfait ami, et les illustres pachas et officiers de Sa Hautesse, de favoriser et assister de leur protection ledit sieur Patriarche d'Antioche et tous lesdits chrétiens du Mont-Liban, offrant de faire le semblable pour tous ceux qui nous seront recommandés de leur part.

En foi de quoi nous avons fait mettre notre sceau à ces dites présentes.

Données en notre château royal de Versailles, le 12e jour d'avril en l'an de grâce 1737, de notre règne le 22e.

Signé : LOUIS.

Louis XVI, Napoléon Ier, Louis-Philippe, continuent la tradition. Enfin, Napoléon III, dans une lettre écrite par M. de Thouvenel au marquis de La Valette, alors ambassadeur à Constantinople, en 1861. Cette lettre, relative à l'évacuation française, à la suite des massacres de 1860, termine ainsi :

« Nous serons donc les maîtres d'examiner, en dehors de toute

« *stipulation, les événements qui viendraient à surgir en Syrie, et*
« *nous n'avons pas à dissimuler à la Porte que des traditions*
« *séculaires nous imposeraient le devoir de prêter aux chrétiens du*
« *Liban un appui efficace contre de nouvelles persécutions. Vous*
« *voudrez bien vous en expliquer avec Ali-Pacha et lui donner*
« *lecture et copie de cette lettre.* »

Il eût été intéressant de donner ici la copie *in extenso* d'autres documents, mais comme cela n'entre pas dans le cadre que nous nous sommes tracé, nous nous réservons de les publier plus tard.

Ce que nous venons de dire suffit à démontrer combien nos droits de protection, en Syrie, et notamment dans la partie du Mont-Liban, sont bien établis et incontestables.

L'approbation tacite des puissances, qui n'ont fait aucune objection en présence de l'énergique déclaration de Napoléon III, permet de dire que ces droits sont incontestés.

On a bien fait, depuis, des tentatives pour amoindrir notre prestige, on en fait encore, mais toutes se sont heurtées et se heurtent à l'esprit de tradition séculaire qui est toujours vivant dans les montagnes libanaises.

Il est instructif de connaitre les mœurs de ces chrétiens du Mont-Liban qui nous apparaissent d'ici, comme éclairés par l'auréole lumineuse dont le Christ a entouré la Terre-Sainte.

Quel charme n'éprouvera-t-on pas en faisant une excursion à travers ces merveilleuses montagnes qui furent, en partie, le théâtre de tous les épisodes de la religion chrétienne ; où tout est foi et prière.

Il sera bon, pour l'âme, de vivre un instant de la vie patriarcale de
ce peuple vertueux.

Quelle sensation patriotique, réconfortante, fera battre notre cœur,
lorsque, transportés par la pensée vers ces lointains aux cèdres séculaires, nous entendrons, comme en un murmure caressant, se réper-
cuter dans l'air ambiant, chauffé par les ors de ce radieux soleil
d'Orient, le nom de France !

CHAPITRE II

Rome et l'Église d'Orient

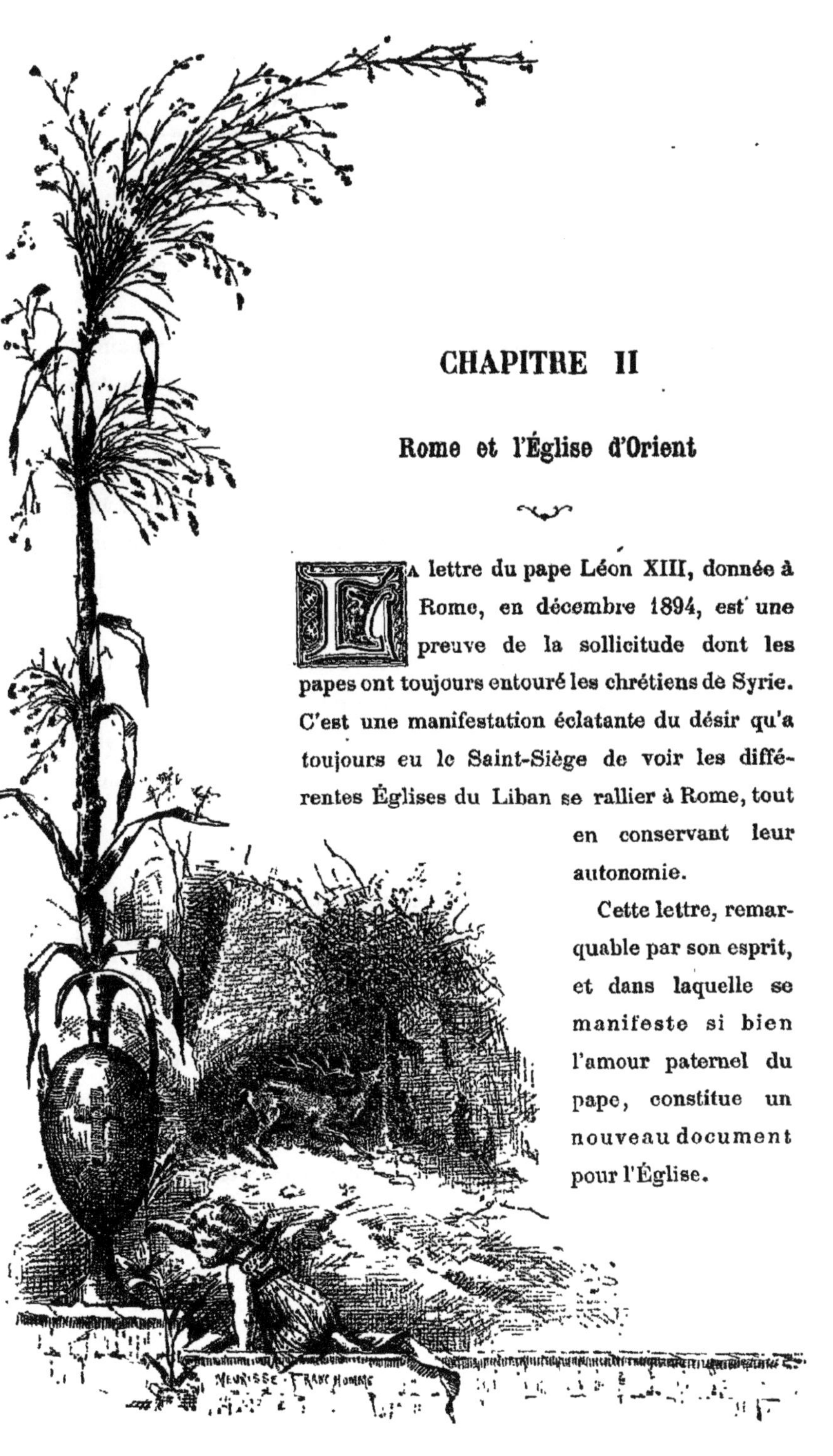

A lettre du pape Léon XIII, donnée à Rome, en décembre 1894, est une preuve de la sollicitude dont les papes ont toujours entouré les chrétiens de Syrie. C'est une manifestation éclatante du désir qu'a toujours eu le Saint-Siège de voir les différentes Églises du Liban se rallier à Rome, tout en conservant leur autonomie.

Cette lettre, remarquable par son esprit, et dans laquelle se manifeste si bien l'amour paternel du pape, constitue un nouveau document pour l'Église.

Elle semble venir, après plus d'un siècle et demi, confirmer et compléter la constitution *Demandatam* donnée, le 24 décembre 1743, par le pape Benoît XIV, dans sa lettre adressée au patriarche grec melchite d'Antioche (1).

Les Églises chrétiennes d'Orient sont soumises à l'Église romaine, mais elles conservent une autonomie qui leur est chère et que l'on s'est toujours étudié à respecter.

En maintes circonstances, les chrétiens d'Orient, persécutés par les infidèles et succombant sous le nombre, ont en partie renoncé à la lutte; Rome sut toujours relever leur courage et, selon l'expression même de Léon XIII, « les retenir lorsqu'ils revenaient à l'union, les rappeler quand ils l'abandonnaient ».

Cette grande mansuétude de la part des successeurs de saint Pierre, l'énergie intransigeante et la force des arguments irréfutables avec lesquels ils ont défendu la vérité des dogmes, ont contribué au maintien de l'union et au retour de ceux qui, un instant égarés, s'en étaient éloignés.

Rome espère toujours voir revenir à elle les chrétiens qui se sont séparés de l'unité pour embrasser les schismes. Cet espoir se réalisera dans un temps plus ou moins éloigné, car la vérité triomphe toujours, et Rome est l'incarnation de la Vérité de par le premier des apôtres.

Les Églises d'Orient ont chacune un rite particulier qui est né des coutumes conservées par la tradition; la grandeur de leur origine en impose le respect. Ces coutumes ne sont, en résumé, que la continuation des pratiques observées par les apôtres pour rendre hommage à Dieu.

(1) Léon XIII.

Les cérémonies ont un faste en même temps naïf et grandiose ; elles indiquent bien comment devaient faire les premiers chrétiens dans les manifestations de leurs adorations du Très-Haut.

Cette différence de rites rend plus frappante l'unité de l'Église catholique.

De précieux documents, affirmant l'antiquité des liens qui existent entre Rome et les Églises d'Orient, se trouvent précieusement conservés dans les archives des différents patriarcats. Nous en avons lu des copies extraites de la savante étude de feu le patriarche Paul Massad, l'*Aldor Almanzoun* ou les *Perles précieuses*.

Le pape Pie IV, parlant des chrétiens d'Orient, les appelle « les Milliers qui n'ont pas adoré Baal, quoique entourés d'hérésiarques... »

En 1744, le pape Benoît XIV disait aux cardinaux réunis :

« Vous n'ignorez pas que vers la fin du xviie siècle, alors que l'hérésie « de ceux qui croyaient qu'il n'y a qu'une seule volonté en Jésus-Christ, « se répandait, les maronites (1), pour conserver leur foi pure de toute « corruption, résolurent de se choisir un partriarche *approuvé du* « *Pontife romain...* » Clément VIII, de même Paul V, les comparent à des roses, parce qu'ils fleurissent dans l'Orient, par une grâce spéciale de Dieu, au milieu des épines de l'hérésie. Urbain VIII déclare que la beauté du Mont-Carmel gardera toute sa splendeur et que la gloire du Liban ne diminuera pas. Clément XI, et enfin tous les Souverains Pontifes, ont apporté leur témoignage et manifesté leur sollicitude.

Léon XIII, qui vient de donner une preuve aussi manifeste de son

---

(1) Les maronites sont, pour ainsi dire, les premiers chrétiens du Liban, ceux dont la foi ne s'est jamais départie. Cette fidélité fait que les papes parlaient généralement d'eux dans leurs manifestations sur les chrétiens d'Orient.

affection particulière pour les chrétiens d'Orient, avait déjà, lors de son élévation au trône pontifical, écrit une lettre à l'archevêque de Beyrouth, dans le même but.

Tout semble confirmer que l'Orient ne se ralentira pas dans le mouvement religieux qui ramène les égarés à la foi, et le jour ne semble pas éloigné où ce retour sera définitif.

Voici, à titre de document, l'encyclique de Léon XIII. Elle émane d'un esprit élevé dont le génie brille sur la catholicité. Elle restera comme une preuve admirable de son inépuisable bonté.

Lettre apostolique de N. T. S. P. Léon XIII, pape par la divine Providence sur la protection et la conservation des coutumes des Eglises orientales.

LÉON, ÉVÊQUE

SERVITEUR DES SERVITEURS DE DIEU POUR LA PERPÉTUELLE MÉMOIRE

« La dignité des Églises orientales, que recommandent l'antiquité et l'illustration de leurs souvenirs, jouit d'une grande gloire et d'une grande vénération auprès de tout le monde chrétien. C'est, en effet, dans leur sein que se firent sentir, par un miséricordieux dessein de Dieu, les premiers effets de la Rédemption de l'homme et que la religion commença rapidement à croître, en sorte qu'elles furent les premières à mériter les palmes de l'apostolat et du martyre, de la science et de la sainteté, et à en révéler heureusement les fruits salutaires. C'est d'elles que se répandit au loin chez les autres peuples, d'une façon merveilleuse, le plus grand bienfait de la foi, lorsque le bienheureux Pierre, poussé par l'inspiration divine, et allant dissiper la multiple perversité du vice et de l'erreur, transporta dans la ville de Rome, reine des nations, la lumière de la vérité divine, l'Évangile de paix, la liberté du Christ.

« Mais aussi avec quelle prédilection l'Église romaine, reine de toutes les Églises, prit l'habitude, depuis les temps apostoliques, de combler d'honneur et de bienveillance ces mêmes Églises orientales, et combien de son côté elle a eu à se réjouir de leur fidèle soumission ! Plus tard, en des circonstances diverses et malheureuses, elle n'a jamais cessé, par ses prévenances et ses bienfaits, de les relever dans leurs désastres, de les retenir lorsqu'elles revenaient à l'union, de les rappeler quand elles l'abandonnaient. Là ne se bornèrent pas ses attentions. L'Église romaine voulut conserver et défendre continuéllement, dans leur intégrité, les coutumes propres et les cérémonies sacrées que chacune des nations orientales avaient établies chez elle selon sa sagesse et dans les limites légitimes de son droit. C'est de quoi font foi les nombreuses déclarations que les Pontifes, Nos prédécesseurs, et spécialement Pie IX d'heureuse mémoire, ont très prudemment publiées, soit par leurs actes propres, soit par l'intermédiaire de la Sacrée Congrégation de la Propagande.

« Animé et entraîné par un désir non moins grand, Nous avons Nous-même avec amour, dès le premier instant de Notre pontificat, tourné Nos yeux vers les nations chrétiennes de l'Orient. Nous Nous sommes hâté de consacrer Nos soins au soulagement de leurs infortunes, et Nous avons trouvé depuis lors d'autres occasions de leur témoigner Notre active bienveillance : mais rien ne Nous a été et ne Nous est plus à cœur, aucun but ne Nous est plus sacré que d'obtenir leur adhésion au Siège Apostolique et de réveiller en elle l'ardeur et la fécondité de la foi, afin que, renouvelant les exemples de leurs ancêtres, elles s'efforcent d'égaler leurs mérites et leurs vertus.

« Déjà Nous avons pu, dans une certaine mesure, venir en aide à ces Églises. — Nous avons fondé, dans cette ville de Rome, un collège pour l'instruction des clercs arméniens et maronites. Nous en avons fondé de semblables à Philippopoli et à Andrinople. Nous avons décidé d'en fonder un à Athènes, qui portera Notre nom. Nous favorserions aussi davantage le séminaire de Sainte-Anne, acheté à Jérusalem pour l'instruction des clercs grecs melchites. En outre, Nous sommes sur le point d'augmenter le nombre des Syriens qui figurent parmi les élèves du collège Urbanien, et de rendre à sa destination primitive le collège Athanasien, que Grégoire XIII, son généreux donateur, voulut sagement consacrer à l'instruction des Grecs, et d'où sortirent des hommes si illustres. Multiplier et réussir les tentatives de ce genre, tel est Notre ardent désir, maintenant surtout que, soutenus par l'inspiration divine, Nous avons accompli Notre dessein longtemps médité d'appeler, par une lettre particulière, tous les princes et tous les peuples à l'heureuse unité de la foi divine.

« En effet, parmi les nations chrétiennes malheureusement séparées, Nous Nous sommes efforcé en premier lieu d'appeler, d'exhorter et de supplier les nations orientales, avec toute l'affection apostolique et paternelle que Nous avons pu déployer. Le succès de ces premières espérances, s'affirmant de jour en jour, Nous a apporté une grande joie et Nous a confirmé dans la résolution de poursuivre avec plus d'ardeur une œuvre aussi salutaire. Nous voulons donc Nous acquitter entièrement de tout ce qu'on peut attendre de la prévenance du Saint-Siège, tant pour écarter les causes de discordes et de soupçons que pour apporter les meilleurs secours qu'il sera possible à l'œuvre de réconciliation. — Nous considérons comme une œuvre de première importance d'apporter notre attention et nos soins, comme nous l'avons toujours fait, à la conservation de la discipline propre des Orientaux.

Déjà, dans cet ordre d'idées, Nous avons donné des instructions aux collèges de ces nations récemment fondés, et Nous en donnerons de semblables à ceux qui se fonderont par la suite, afin que les élèves gardent et observent très scrupuleusement leurs rites, qu'ils en soient instruits et les mettent en pratique. En effet, il y a dans la conservation des rites orientaux plus d'importance qu'on ne peut le croire. L'auguste antiquité dont se glorifient ces différentes sortes de rites constitue un remarquable ornement pour l'Église entière, et atteste la divine-unité de la foi catholique.

« Par là, en effet, l'origine apostolique des principales Églises d'Orient apparaissant d'une manière plus probante, on voit se révéler et briller en même temps la parfaite union de ces Églises avec l'Église romaine dès les temps les plus reculés. Et rien peut-être ne contribue plus admirablement à faire éclater le signe de la *catholicité* dans l'Église de Dieu, que l'hommage spécial qui lui est rendu par des cérémonies de formes diverses et par des langues antiques, cérémonies et langues ennoblies encore par l'usage qu'en ont fait les Apôtres et les Pères. Cet hommage semble presque modelé sur celui qui fut rendu, d'une très noble manière, au Christ naissant, Auteur divin de l'Église, lorsque des Mages, partis de diverses régions de l'Orient, *vinrent l'adorer* (1).

« Il convient ici de remarquer que les rites sacrés, bien que par eux-mêmes ils n'aient pas été institués pour démontrer la vérité des dogmes catholiques, les traduisent pour ainsi dire et les expriment d'une manière vivante. C'est pourquoi la véritable Église du Christ, tout en s'attachant grandement à conserver inviolables ceux qu'elle a

(1) Math. II, 1-2.

reçus de Dieu même et qui, comme tels, ne peuvent être changés, permet ou tolère parfois quelque innovation dans la forme qui les enveloppe, surtout lorsqu'il s'agit de cérémonies remontant à la plus vénérable antiquité. Par là, en outre, se révèle le principe de son éternelle jeunesse, et l'Épouse du Christ n'en triomphe que plus magnifiquement. Elle, dont la sagesse des saints Pères a reconnu la description dans ces paroles de David : *Astitit regina a dextris tuis in vestitu deaurato, circumdata varietate... in fimbriis aureis, circumamicta varietatibus* (1).

« Donc, puisque la diversité de la liturgie et de la discipline orientales, justement approuvée, possède, entre autres mérites, celui de tant contribuer à l'honneur et à l'utilité de l'Église, il est plus que jamais du devoir de Notre charge de veiller strictement à ce qu'il ne leur soit apporté par imprudence aucune incommodité de la part des ministres de l'évangile des pays occidentaux, que le zèle du Christ pousse vers les nations orientales. — Nous maintenons en vigueur les sages et prévoyantes mesures que Benoît XIV, Notre illustre Prédécesseur, a décrétées là-dessus, par sa Constitution *Demandatam*, donnée le 24 décembre 1753, sous forme de lettre au patriarche d'Antioche des Grecs melchites et à tous les évêques du même rite soumis à ce patriarche. Toutefois un long espace de temps s'est écoulé depuis lors; la situation de ces pays s'est modifiée, les missionnaires latins et leurs œuvres se sont multipliés. Il en résulte que la même question réclame aujourd'hui certains soins particuliers de la part du Siège Apostolique.

« Nous avions reconnu en de fréquentes occasions, depuis quelques

____

(1) Ps. XLIV.

années, que cette intervention serait des plus opportunes, et les très justes désirs de nos Vénérables Frères, les patriarches d'Orient, transmis à Nous à plusieurs reprises, Nous avaient confirmé dans cette pensée. Afin de mieux embrasser l'ensemble de cette question, et pour fixer avec précision les moyens à prendre pour la résoudre, il Nous a plu de convoquer dans cette ville — ce qui ne s'était pas fait antérieurement — les mêmes patriarches, afin de pouvoir leur communiquer Nos intentions. Nous avons eu avec eux, ainsi qu'avec plusieurs de Nos Fils bien-aimés, cardinaux de la sainte Église romaine, de fréquents entretiens où il en a été délibéré.

« Toutes ces choses ayant été pesées, après une proposition et une discussion communes, Nous avons résolu de rendre plus explicites et plus générales certaines prescriptions de ladite Constitution de Benoît XIV, d'une manière appropriée aux circonstances nouvelles où se trouvent ces nations. Pour accomplir cette œuvre, Nous avons commencé, en vertu même de la dite Constitution, par envoyer dans ces pays des prêtres latins, représentants du Saint-Siège, dans le seul but de procurer aux patriarches et aux évêques *un aide et un soulagement*. C'est pourquoi des précautions étaient prises pour que ces prêtres, *en usant des pouvoirs qui leur étaient concédés, n'apportassent aucun préjudice à la juridiction des prélats orientaux et ne diminuassent en rien le nombre des fidèles qui y sont soumis* (1), ce qui montre, d'une façon claire, les règles modératrices que ces prêtres latins délégués auprès de la Hiérarchie orientale doivent respecter dans l'exercice de leur mission.

« C'est pourquoi les articles suivants, considérés devant le Seigneur,

(1) Cons. *Demandatam,* n. 13.

Nous ont paru devoir être prescrits et sanctionnés comme Nous le faisons, appuyé sur l'autorité apostolique : déclarant dès maintenant vouloir et ordonner que lesdits décrets de Benoît XIV, donnés primitivement au sujet des Grecs melchites, atteignent d'une manière générale tous les fidèles de chacun des rites orientaux.

« I. — Tout missionnaire latin, du clergé régulier ou séculier qui, par ses conseils ou son aide, aura induit un Oriental à adopter le rite latin, outre la suspense *a divinis*, qu'il encourra *ipso facto* avec les autres peines édictées par la Constitution *Demandatam*, devra encore être privé et exclu de sa charge. Pour que cette prescription ait son effet assuré et durable, Nous ordonnons qu'un exemplaire en soit porté à la connaissance du public dans les églises des Latins.

« II. — Là où manquera un prêtre de son propre rite auquel le patriarche oriental puisse confier le soin spirituel de ses ouailles, un prêtre d'un rite différent peut en être chargé et se servir pour consacrer, des mêmes espèces — pain avec ou sans levain (dont il se sert habituellement); on doit préférer celui qui s'en servira suivant le rite oriental. Les fidèles auront la faculté de communier suivant l'un ou l'autre rite, non seulement dans les endroits où il n'y a ni église ni prêtre de leur rite, ainsi que porte le décret de la Congrégation de la Propagande du 18 août 1893, mais encore dans les endroits où, à cause de l'éloignement de leur propre église, ils ne pourraient s'y rendre qu'avec de grandes difficultés : l'Ordinaire reste juge de la chose. Il doit être bien entendu que celui qui communiera, même pendant un long espace de temps, suivant un autre rite que le sien, ne sera pas considéré comme ayant été changé de rite, mais comme toujours attaché, pour le reste de ses devoirs, à son propre curé.

« III. — Les congrégations de religieux latins qui s'occupent en Orient de l'éducation de la jeunesse, dès qu'ils compteront dans leur collège un certain nombre d'élèves de rite oriental, devront avoir chez eux, après avoir consulté le patriarche, pour la commodité de ces élèves, un prêtre du même rite pour célébrer la messe, donner la sainte communion, expliquer le catéchisme et les rites, dans leur langue maternelle; ou tout au moins ils devront faire venir ce prêtre pour remplir ces fonctions, les dimanches et les jours de fête de précepte. C'est pourquoi Nous déclarons abrogés tous les privilèges, même ceux sacrifiés d'une façon particulière, que ces congrégations auraient obtenus, afin que leurs élèves puissent suivre, tant qu'ils sont au collège, le rite latin; quant à l'observation des abstinences rituelles, les maîtres y doivent, avec une religieuse équité, prêter leur attention. — Il faut aussi veiller à ce que les élèves externes soient conduits ou ramenés aux églises ou aux cures de leur rite, à moins qu'on ne juge à propos de les admettre avec les internes aux offices du même rite.

« IV. — Les mêmes prescriptions doivent être transmises, dans la mesure du possible, aux congrégations religieuses de femmes qui se vouent, dans les écoles ou les couvents, à l'éducation des jeunes filles. Si par suite du temps et des circonstances, il devient opportun de faire quelque changement, il ne devra avoir lieu qu'après l'assentiment du patriarche et avec la permission du Siège Apostolique.

« V. — A l'avenir, aucun nouveau collège, aucune nouvelle maison d'éducation pour la jeunesse de rite latin, de l'un ou de l'autre sexe, ne pourra être ouvert qu'après en avoir demandé et obtenu l'autorisation du Siège Apostolique.

« VI. — Il est interdit aux prêtre latins ou orientaux d'absoudre, soit dans leurs églises, soit dans les églises d'un rite étranger, qui que ce soit des cas réservés à leurs Ordinaires respectifs à moins d'en avoir obtenu d'eux-mêmes la permission; aussi Nous révoquons absolument tout privilège accordé à ce sujet, même d'une façon spéciale.

« VII. — Les Orientaux qui auraient embrassé le rite latin, même en vertu d'un rescrit pontifical, pourront revenir à leur ancien rite, avec l'assentiment du Siège Apostolique.

« VIII. — Toute femme du rite latin qui épousera un homme du rite oriental, ou toute femme du rite oriental qui épousera un homme du rite latin, pourra, soit au moment de contracter cette union, soit dans le cours du mariage, embrasser le rite de son mari : devenue veuve, chacune sera libre de reprendre son ancien rite.

« IX. — Tout Oriental, demeurant en dehors du territoire du patriarche, sera soumis à la juridiction du clergé latin, mais demeurera inscrit à son rite; de telle manière que, en dépit de la longueur du temps, en dépit de toute autre cause, il retombera sous la juridiction du patriarche dès qu'il reviendra sur son territoire.

« X. — Aucun ordre ou institut religieux de rite latin, de l'un ou de l'autre sexe, ne pourra recevoir parmi ses membres quelque sujet de rite oriental à moins que celui-ci n'ait produit des lettres testimoniales de son Ordinaire.

« XI. — Si quelque communauté, famille ou personne de culte

dissident, revient à l'unité catholique, mais dans des conditions telles qu'il y ait, pour ainsi dire, nécessité pour elle d'embrasser le rite latin qu'elle reste momentanément attachée à ce rite, mais avec la possibilité de retourner à son rite originaire catholique. Si la nécessité supposée ci-dessus n'existe pas, mais que cette communauté, famille ou personne soit sous l'administration de prêtres latins parce que les prêtres orientaux font défaut, il devra retourner à son rite dès qu'un prêtre oriental sera présent.

« XII. — Quelles que soient les causes matrimoniales et ecclésiastiques au sujet desquelles appel soit fait au Saint-Siège, on ne devra jamais en confier la solution aux délégués apostoliques, à moins que le Saint-Siège ne l'ait expressément ordonné, mais elles devront être entièrement déférées à la Sacrée Congrégation de la Propagande.

« XIII. — Nous attribuons au patriarche grec melchite la juridiction sur tous les fidèles de ce même rite qui se trouvent sur le territoire de l'empire ottoman.

« Outre ces garanties particulières et les prescriptions de droit, Nous avons surtout à cœur, ainsi que Nous l'avons mentionné plus haut, la création, dans les centres les plus favorables de l'Orient, de séminaires, collèges, institutions de tout genre, spécialement propres à élever la jeunesse indigène suivant le rite de leurs ancêtres. Nous avons résolu d'apporter tous Nos soins à la réalisation de ce projet sur lequel se fondent Nous pouvons à peine dire quelques grandes espérances pour la religion ; Nous y consacrons les ressources abondantes que Nous procurera, Nous en avons la confiance, l'aide des catholiques. Le ministère des prêtres indigènes sera plus en harmonie et rapportera par conséquent plus de fruits que celui des prêtres étrangers; Nous l'avons surabondamment démontré dans l'Encyclique consacrée par Nous, l'an dernier, à la fondation des séminaires dans les Indes orientales.

« Une fois qu'on aura pourvu à l'instruction religieuse de la jeunesse, les études théologiques et bibliques seront en honneur chez les Orientaux, la science des langues anciennes, aussi bien que des langues modernes, prendra de l'extension; les richesses de doctrines et de littérature dont sont remplis leurs Pères et leurs écrivains se répandront, avec plus d'abondance, pour le bien général; enfin sera obtenu ce résultat tant souhaité de voir, grâce à la diffusion de la doctrine du sacerdoce catholique, grâce au lumineux épanouissement de ses pieux exemples, nos frères séparés se jeter dans les bras de leur mère.

« Alors, si tous les ordres du clergé unissent les pensées, les études, l'action, par les liens d'une fraternelle charité, alors certainement, avec la grâce et le secours de Dieu, luira plus tôt ce jour heureux où, tous s'étant rencontrés dans *l'unité de la foi et de la connaissance du Fils de Dieu* en vertu de celui-ci pleinement et en toute perfection, *tout le corps uni et lié par toutes les jointures qui se prêtent un mutuel secours, d'après une opération proportionnée à chaque membre, reçoit son accroissement pour être édifié dans la charité* (1).

« Elle seule peut être vraiment glorifiée, cette Église de Jésus-Christ en qui sont le plus intimement unis *un seul corps et un seul esprit* (2).

« Nous ne doutons pas que Nos vénérables frères, les patriarches,

---

(1) Eph. IV, 4.
(2) Eph. IV, 13, 16.

archevêques et évêques de tout rite oriental catholique, étant donnée l'affection qu'ils portent à la chaire apostolique et à Nous, et la sollicitude dont ils entourent leurs Églises, n'acceptent avec soumission et docilité toutes ces recommandations dans leur intégrité et ne fassent tous leurs efforts pour qu'elles soient pleinement observées par qui de droit.

« L'abondance des fruits qu'il est permis d'en attendre et d'en espérer légitimement, dépendra des efforts de ceux qui sont Nos représentants dans l'Orient chrétien. Aussi recommandons-Nous très expressément à Nos délégués d'avoir, pour les institutions laissées par les ancêtres, tout l'honneur qui leur est dû ; qu'ils soient pleins de déférence pour l'autorité des patriarches et qu'ils la fassent respecter ; dans l'échange de leurs devoirs réciproques, qu'ils mettent en pratique ce conseil de l'Apôtre : *s'honorant les uns les autres avec prévenance* (1).

« Qu'ils apportent dans leur relations avec les évêques, le clergé et le peuple, un esprit zélé et bienveillant, cet esprit qui guidait l'apôtre saint Jean, lorsqu'il donna l'Apocalypse *aux sept Eglises qui sont en Asie*, avec cette salutation : *Grâce à vous et paix par celui qui est, qui était et qui doit venir* (2) ; que dans toute leur conduite, ils se montrent les dignes envoyés et les conciliateurs de la sainte unité entre les Églises d'Orient et celle de Rome qui est le centre de cette même unité et de la charité. Que tels soient aussi les sentiments, que tels soient les actes — en rapport avec Nos exhortations et Nos ordres — de tous les prêtres latins qui entreprennent dans ces régions les nobles travaux du salut éternel des âmes ; qu'ils accomplissent ces travaux dans l'obéissance du Pontife romain et Dieu leur donnera de grands accroissements.

(1) Rom. X, 12.
(2) Apoc. I, 4.

« Donc, tout ce que Nous décrétons, déclarons, sanctionnons dans cette Lettre, Nous voulons et ordonnons que tous ceux à qui elle s'adresse l'observent inviolablement, sans qu'on puisse le blâmer, le controverser ou l'enfreindre, sous quelque motif, même privilégié, couleur ou prétexte que ce soit ; mais que Notre Lettre ait ses effets pleins et entiers, nonobstant les Constitutions apostoliques, même édictées dans des conciles soit généraux, soit provinciaux, nonobstant également tous statuts, coutumes et prescriptions sanctionnés par la confirmation apostolique ou par toute autre confirmation ; auxquels sans exception, comme s'ils étaient rapportés mot pour mot dans cette Lettre, pour que ce qui précède ait son plein effet, Nous dérogeons spécialement et expressément, et voulons qu'il soit dérogé, ainsi qu'à tout ce qui peut aller à l'encontre de Notre Lettre. — Nous voulons que les exemplaires de cette Lettre, même imprimés, signés de la main de Notre notaire et marqués du sceau par un homme constitué dans la dignité ecclésiastique, fassent foi comme ferait foi la Lettre présente à ceux qui la liraient.

« Donné à Rome, près Saint-Pierre, l'année de l'Incarnation de Notre-Seigneur mil huit cent quatre-vingt-quatorze, le premier jour des calendes de décembre, de Notre Pontificat la dix-septième.

« LÉON XIII, PAPE. »

Type Syrien

CHAPITRE III

Le Liban

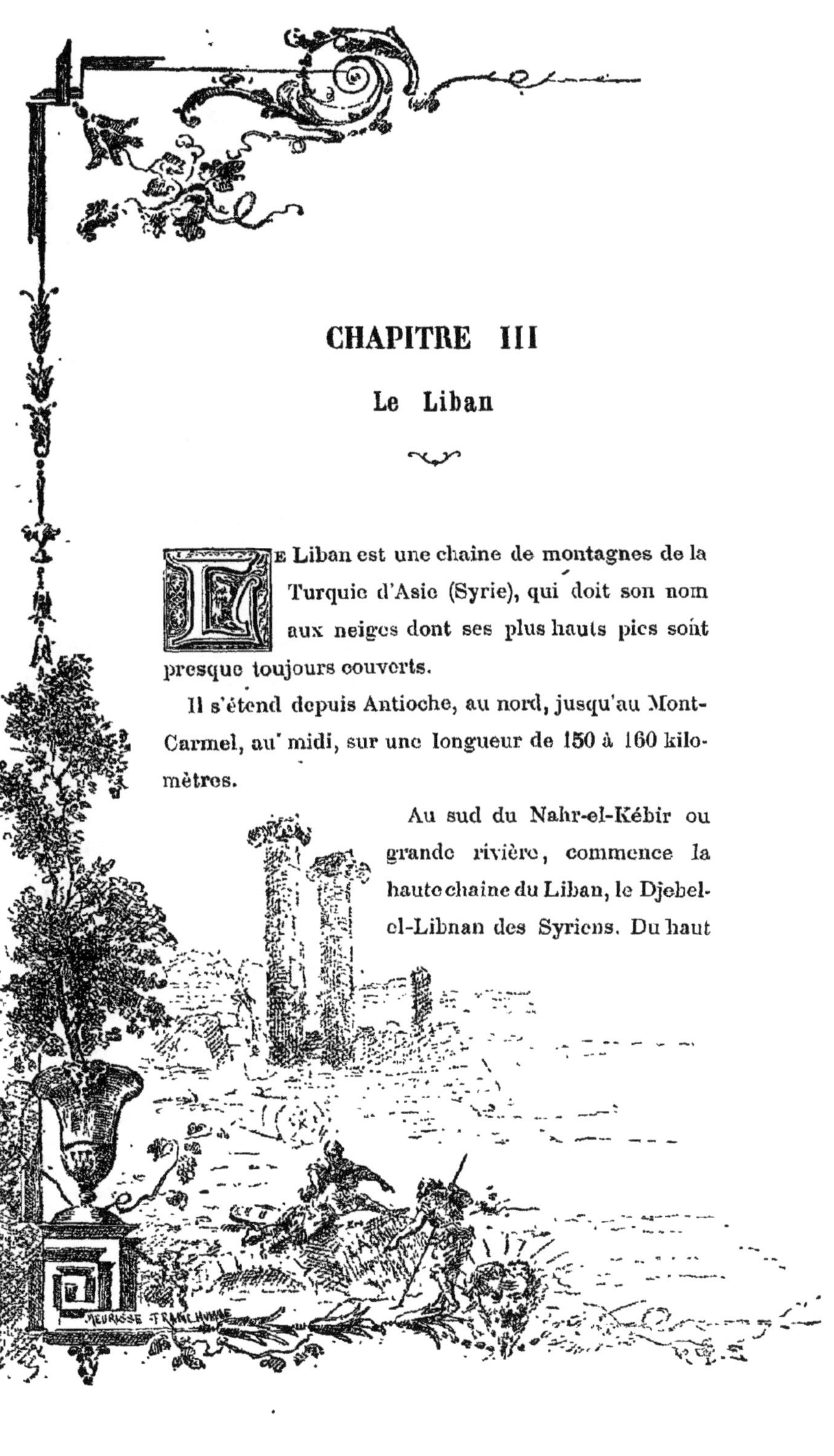

E Liban est une chaine de montagnes de la Turquie d'Asie (Syrie), qui doit son nom aux neiges dont ses plus hauts pics sont presque toujours couverts.

Il s'étend depuis Antioche, au nord, jusqu'au Mont-Carmel, au midi, sur une longueur de 150 à 160 kilomètres.

Au sud du Nahr-el-Kébir ou grande rivière, commence la haute chaine du Liban, le Djebel-el-Libnan des Syriens. Du haut de ce pic gigantesque, un panorama splendide se déroule jusqu'à la limite du regard: la longue crête du Liban qui s'étend, comme en un large ruban moiré, tout bleu en été; d'un blanc étincelant, à reflets d'arc-en-ciel, en hiver; au printemps, argenté par les neiges aux scintillations de pierres précieuses.

Au pied, une mer de saphir, irisée de petites vagues d'hermine qu'elle dépose sur la plage en des baisers mille fois répétés.

Ce tableau grandiose est inondé par un soleil étincelant; sous sa chaleur, l'air, parfumé de mille senteurs, grésille et dégage une vapeur qui donne aux monts, formant cadre dans l'éloignement, une transparence aérienne aux tons roses.

A l'extrémité méridionale, vers le Mont-Carmel, les vallées sont riantes et arrosées par des ruisseaux qui roulent en des clapotements joyeux, et répandent la fertilité sur leurs bords fleuris.

Le paysage, d'une pittoresque beauté, est saisissant.

Quels ravissements produit un lever de soleil, là-bas, alors que les tiédeurs d'une de ces nuits dans lesquelles s'agitent les fantômes de la volupté, ne sont pas encore dissipées. Quel spectacle imposant, ce réveil de la nature dans un long et troublant frémissement !

Les oiseaux fendent l'air de leurs cris d'allégresse; les papillons aux couleurs infinies, brusquement réveillés, s'en vont, à tire d'ailes, boire à longs traits la goutte de rosée que les roses ont recueillie dans leurs corolles. Les habitations, larges carrés de pierres blanches, qui s'étagent en espalier sur le flanc des montagnes, ont des reflets de fleurs dans les vapeurs crépusculaires. L'horizon s'embrase. Phébus, déchirant les nuages, paraît en empourprant les cieux; une couleur de sang rougit la Terre-Sainte; les cloches lancent leurs notes argentines.

C'est l'heure de la prière.

La vie matérielle reparait...

On a retrouvé dans le Liban des silex travaillés et des ossements d'animaux extraordinairement grands qui semblent dater de l'âge quaternaire.

La légende dit que ces animaux avaient été envoyés par Dieu, dans la montagne, pour en chasser les montagnards parce qu'ils étaient rebelles à la foi chrétienne.

Les plus hauts sommets du Mont-Liban atteignent jusqu'à 3,200 mètres.

Les cèdres, que les poètes ont si souvent chantés et qui ont servi de sujet à tant de légendes, sont situés dans la région supérieure, au sud du Djebel-Makmal, à plus de 2,000 mètres d'altitude. Leurs puissantes racines s'étendent entre les blocs des rochers qu'ils semblent souder entr'eux.

Les cèdres sont comme de véritables monuments dont la nature a doté le Mont-Liban. Il y en a dont les proportions sont inimaginables. L'un d'eux atteint des dimensions d'une telle importance, que l'on a pu creuser, dans son tronc, un trou de trois mètres carrés dans lequel on a établi une petite chapelle où se disent les offices certains jours.

Ces arbres géants sont devenus rares ; il n'en existe plus que quelques-uns, quatre ou cinq ; mais on en compte en outre une trentaine dont la grosseur ne sera jamais égalée par nos plus grands arbres et puis encore une quantité assez considérable de moindre importance (1).

---

(1) Les cèdres du Liban ont servi à la construction du Temple de Salomon, roi d'Israël et grand ami des Tyriens.

Des siècles ont passé sur les cèdres géants, mais le temps accomplit son œuvre, et quelque lente qu'elle soit, cette œuvre arrive à la destruction. Leur nombre a bien diminué ; un moment arrivera certainement où ces arbres puissants ne seront plus qu'un souvenir.

Les touristes qui vont visiter les cèdres du Liban ont pris l'habitude de taillader leurs troncs pour y graver une inscription quelconque marquant leur passage : une pensée, leurs noms, la date de leur visite, etc. Ces actes de vendalisme, s'ils présentent au voyageur une sorte d'album très curieux, ne contribuent pas peu à détruire les puissants végétaux.

L'Anti-Liban est parallèle au Liban, mais il ne présente rien de bien particulier ; nu, sans végétation sur sa crête ; orné de peupliers à sa base, il a un aspect sauvage et assez pittoresque.

Le Mont-Liban n'est que l'ancienne Phénicie où vivait, avant l'ère chrétienne, vers le XXIV° siècle, une population d'origine chananéenne venue des bords du golfe Persique.

Cette population, dont l'esprit était essentiellement mercantile, n'a joué aucun rôle dans l'histoire d'Orient. Elle parlait la langue sémitique et n'avait aucune religion, c'est-à-dire qu'elle considérait qu'il n'existait rien en dehors de la nature (1).

Les premiers chrétiens du Liban furent les Phéniciens, les fondateurs de Carthage.

Les Phéniciens vinrent s'établir au pied du Mont-Liban vers cette époque. Ils y fondèrent des villes maritimes dont les flottes rayon-

----

(1) Le cartésianisme, dont Descartes fut le fondateur, semblerait résulter de l'esprit des croyances de cette population : ne rien croire et se constituer une foi par la réunion de tous les systèmes de ses connaissances.

nèrent bientôt dans tout le bassin de la Méditerranéo et dans l'Atlan-
tique. Ils acquirent une réputation commerciale telle qu'ils furent
considérés comme les premiers commerçants du monde.

Maîtres du commerce, ils y initièrent les peuples des bassins
méditerranéens.

Pour les besoins et la facilité de leurs transactions commerciales, ils
voulurent même établir une langue spéciale et créèrent, dans ce but,
un alphabet.

C'est cet alphabet qui servit de modèle pour la création de tous ceux
du monde ancien.

Le Liban est célèbre par ses villes : Arad, Tripoli, Byblos ou
Gelsel, Beryte, Sidon, Tyr, Aco ou Ptolémaïs.

Toutes ces villes étaient gouvernées par une oligarchie ou par des
seigneurs qui s'érigeaient en rois. Elles ont chacune une histoire et
ont servi de théâtre à de nombreux événements religieux.

Le Mont-Carmel, qui termine la chaîne du Liban au sud, est célèbre
par le séjour du Christ avec sa mère, la Vierge Marie. Le prophète
Élie vécut aussi sur le Mont-Carmel, il y fut miraculeusement nourri
par des corbeaux et enlevé, au ciel, dans un char de feu.

Célèbre par Césarée ou Sébaste, où Dieu guérit la fille d'un Chana-
néen ; par la Palestine, aussi appelée Terre de Chanaan, Terre pro-
mise et Judée.

On rencontre encore dans ces montagnes quelques monuments,
vestiges d'une splendeur passée, que les guerres religieuses et les
tremblements de terre ont détruite.

Dans les environs de Balbeck, on retrouve les ruines d'un temple
aux formes circulaires et aux proportions grandioses. Ce temple,

frappante image de la désolation, se trouvait isolé dans la plaine ; il servait de nécropole aux païens du premier âge.

Aujourd'hui, le vaste tombeau ne renferme plus même les cendres de ceux qui dormirent là le dernier sommeil.

Plus loin, toujours dans la plaine, on rencontre les restes des temples du Soleil et du temple de Jupiter aux magnifiques propylées que l'on retrouve à l'Acropole d'Athènes (chef-d'œuvre de Mnésiglés).

Ces magnifiques constructions cyclopéennes sont réunies et forment, dans leur ensemble, les ruines les plus remarquables du monde entier.

On se fait difficilement une idée du cube extraordinaire des pierres qui ont servi à l'édification de ces monuments. Il y en a dont les proportions sont telles, qu'une seule suffirait à construire une maison.

Nous citerons, notamment, un monolithe formant un bloc qui mesure vingt-cinq mètres de longueur, six mètres de largeur, et six mètres d'épaisseur. Une autre pierre mesure trois cents mètres cubes.

Il existe encore dans des carrières des pierres sur lesquelles devaient être élevées des colonnes : elles ont plus de 500 mètres cubes !

Le poids de chacune de ces pierres gigantesques, qui ont été taillées d'un seul bloc dans la montagne, atteint jusqu'à un million et demi de kilogrammes !

Un menhir, taillé dans une carrière où il est resté, mesure quarante-cinq mètres de longueur !

On se demande avec stupéfaction de quelles forces disposaient les constructeurs de ces monuments mégalithiques. Il est évident qu'avec les seules forces que la science a découvertes jusqu'à ce jour, on ne parviendrait pas à déplacer et surtout à élever ces monstrueuses pierres.

Les cyclopes, seuls, forgerons des foudres de Jupiter, athlètes effrayants vomis par l'Etna, eussent été capables de semblables efforts.

Mais le cyclope est un mythe et nous devons reconnaître que les hommes du premier âge disposaient de moyens que nous ignorons encore.

C'est la contrée où prit naissance la civilisation chrétienne.

Vers le xxiv⁰ siècle avant notre ère, les sémites de la Chaldée méridionale remontèrent l'Euphrate; les uns se dirigèrent en Mésopotamie, les autres franchirent le fleuve sous la conduite d'Abraham. D'autres, enfin, passèrent le Jourdain ou s'établirent en Égypte, dans le pays de Goschen, et y demeurèrent sous la domination des pasteurs plus communément connus sous le nom d'Hyhsos (sous les xv⁰, xvi⁰ et xvii⁰ dynasties.)

Le mot *Hyhsos* signifie roi-des pillards; ce nom fut donné aux pasteurs par les Égyptiens qui donnèrent aussi le nom de Mentiou, ou Sitiou, aux sémites réfugiés dans le pays de Goschen.

Lorsque les pasteurs eurent été renversés par des rois nationaux, les israélites suivirent Moïse dans le désert et conquirent la Palestine. Alors commencèrent les luttes entre les Hébreux, que conduisait Josué, les idolâtres et les Philistins.

Après de nombreuses évolutions, les guerres civiles, notamment, qui permirent à Rome d'intervenir, et où les juifs perdirent leur existence nationale, le pays eut son antique prospérité ruinée et sa population catholique considérablement réduite. Depuis, la Palestine a suivi la Syrie dans toutes ses phases et son histoire se continue par l'histoire de cette dernière.

Le premier apôtre du Liban fut le Christ. Il résidait dans le Mont-

Carmel, avec sa mère, pour l'accomplissement de sa sublime mission. C'est de là qu'il prépara son calvaire et la régénération du monde par sa mort sur la croix.

Après la glorieuse ascension du Fils de Dieu, saint Pierre établissant l'Église, ainsi qu'il en avait reçu l'ordre du Maître, devint patriarche des chrétiens : il créa les siège épiscopaux de Tyr, Sidon, Tripoli, etc., et en sacra les titulaires. En même temps, les disciples des apôtres sacraient les évêques d'Arca, Biblos, Beyrouth et Damas.

Ce fut l'évêque de Damas, Ananias, qui baptisa saint Paul.

L'Église du Liban a conservé les principes de son institution et les principes de sa hiérarchie établie par saint Pierre ; elle compte quatre sièges patriarcaux. Chaque siège a un patriarche et des évêques.

Les évêques dépendent des métropolitains, les métropolitains dépendent des patriarches qui ont sous leur juridiction toutes les provinces dépendant de leur siège.

Les évêques sont encore subordonnés aux jatelicks qui, eux, sont soumis aux patriarches et exercent une juridiction sur quelques provinces du siège patriarcal.

Les archevêques métropolitains étendent leur juridiction sur une province.

Les évêques n'ont un pouvoir que dans leur diocèse.

La Syrie, où se sont consommées toutes les persécutions et où ont eu lieu tous les désordres, n'est plus, pour ainsi dire, au point de vue religieux, qu'un monceau de ruines.

Ce n'est plus que sur des vestiges que l'on peut lire l'histoire de cette antique splendeur que l'islamisme a détruite.

Il est maintenant devenu presque impossible de limiter une contrée pour la constitution d'une administration régulière.

Cet état de choses a pu permettre au concile libanais une clause déclarant que les limites des provinces et des diocèses du siège patriarcal d'Antioche, ayant été détruites par la domination des hérétiques, qui ont ruiné le pays, le patriarche a le droit de supprimer les attributions des patricks, des jateliks et même des métropolitains.

Le jatelik n'existe plus; quant au métropolitain, son titre n'est plus qu'honorifique, la juridiction ayant été supprimée.

Les hiérarchies ecclésiastiques ont été établies d'après saint Pierre par un concile national tenu en 1735, sous la présidence d'un délégué du pape Grégoire XVII. Ce concile a été approuvé déux ans après.

Les chrétiens d'Orient sont, comme tous les Syriens et les Turcs, sujets ottomans.

Toutefois, il existe entre eux et les musulmans qui représentent la religion de l'État, une différence de traitement. Cette différence serait fort pénible pour les chrétiens si la bonté du sultan actuel ne les enveloppait d'une protection pour laquelle ils doivent se montrer reconnaissants.

Sans être précisément placés hors la loi, ils ne jouissent pas des mêmes privilèges ou, pour être plus vrai, ils se sont affranchis d'une partie de ce qui constitue les privilèges des citoyens dans un État.

Nous devons dire, tout de suite, que cette sorte d'affranchissement est nécessitée par les besoins de la foi chrétienne et pour la conservation de l'autonomie d'une nationalité qui est de son essence.

Les gouvernements ont fréquemment changé dans le Liban, mais ces changements n'ont pas beaucoup contribué à améliorer la situation des Libanais.

Les chrétiens avaient des gouvernements civils particuliers qu'ils organisaient eux-mêmes. Rien n'était moins stable et plus éphémère que ces gouvernements nés des caprices ou de l'ambition de quelques familles dirigeantes.

Comment pouvaient-ils faire quelque chose pour le peuple ou la prospérité de la Syrie ?

Aussi n'ont-ils rien fait que de créer quelquefois des compétitions désastreuses.

La nation maronite, qui a toujours su le mieux se gouverner et conserver son autonomie, va nous fournir des renseignements sur les diverses transformations qui se sont opérées.

Il y a eu, comme chefs, dès le principe, les émirs ; ensuite, les mokadems, les scheiks, et enfin les patriarches.

Quand les chrétiens virent leurs rangs grossir et sentirent qu'ils devenaient assez nombreux pour défendre leurs croyances, ils étudièrent les moyens de se constituer en État indépendant. Comme tout État doit avoir un chef, ils choisirent celui qui, par son intelligence, sa bravoure et sa fortune, présentait sur les autres une réelle supériorité.

Le premier chef du gouvernement catholique du Mont-Liban prit le nom de Joseph d'Arimathie (disciple qui ensevelit Jésus-Christ).

Joseph gouverna seul le Liban avec le titre d'émir, qui signifie celui qui commande, mais son gouvernement ne fut pas de longue durée et il mourut bientôt sans postérité. Le nom de famille s'est éteint avec lui.

Après Joseph vinrent successivement Kosra, Jacob et Hélias. Ce dernier fit la guerre avec le roi Héraclius, empereur d'Orient, et l'aida à chasser les Persans de la Syrie.

Puis vinrent Joseph II, le patriarche, et Jean qui lui succéda.

Jean fit une guerre heureuse aux Sarrasins ; il régna sur tout le territoire, depuis Jérusalem jusqu'en Arménie.

Le gouvernement des émirs dura jusqu'en 1300 ; il ne présente, comme administration, rien de régulier ; c'était une sorte d'oligarchie dans laquelle les faveurs, les privilèges et les droits étaient l'apanage des plus forts ; quant aux petits, leur part était le servage.

Les mokadems succédèrent aux émirs ; ils établirent le régime de la féodalité tel qu'il existait en France, et ce fut à l'instigation de saint Louis que s'érigea cette forme de gouvernement.

Le Liban était alors divisé en provinces ; on plaça à la tête de chacune de ces provinces celui qui se distinguait le plus par ses connaissances et par sa fortune.

On donna au gouverneur de la province le nom de mokadem, qui veut dire « principal. »

Les mokadems étaient les maîtres absolus dans les provinces où ils régnaient, comme régnaient autrefois les seigneurs de la France féodale, en tyrans. Chaque province représentait un petit État avec des lois, ou plutôt des règlements spéciaux établis selon la volonté du maître.

Il existait, toutefois, une alliance entre tous ces petits États ; en vertu de cette alliance, ils étaient tenus de s'unir pour défendre le pays, en cas d'invasion.

La première année de cette nouvelle organisation, les petits gouvernements eurent à se défendre contre les musulmans qui tentèrent d'envahir leur sol. Les mokadems, ils étaient trente, parvinrent à former dans toutes leurs provinces une armée de 35,000 hommes et repoussèrent l'ennemi.

En 1307, cependant, ils eurent à subir de nouvelles attaques ; cette fois, ils furent vaincus par le général Affouch el Affram, devant Damas.

Leur défaite fut désastreuse : les habitants des provinces presque tous massacrés ; les églises incendiées et le pays entièrement dévasté.

Les gouvernements des mokadems existèrent jusqu'en 1612.

Les scheiks et les pachas leur succédèrent.

Nous n'écrirons pas ici l'histoire des scheiks et des pachas dont le gouvernement, essentiellement autocrate, a tenu le pays dans une ignorance fâcheuse. Plus maîtres et plus tyrans que leurs prédécesseurs, les scheiks, surtout, ont fomenté des haines qui ont fini par détruire et leur prestige et leur puissance.

Aujourd'hui, les scheiks n'ont plus ni fiefs ni autorité, leur titre est porté par le maire qui cumule ces fonctions avec celles de juge de paix.

Nous allons passer rapidement sur tous les événements qui se sont produits et dont on aura une idée à la lecture de ce qui va suivre, pour arriver à l'organisation actuelle. Nous ferons aussi le récit des épouvantables massacres de 1860.

Après les événements douloureux de 1840 (le massacre des chrétiens du Liban), les cinq puissances européennes, la France, la Russie, l'Autriche, la Prusse et l'Angleterre, qui étaient intervenues pour rétablir l'ordre, s'entendirent avec le sultan pour former un gouvernement en Syrie.

Elles divisèrent le Liban en deux parties : la partie nord et la partie sud, et créèrent comme deux gouvernements distincts, indépendants l'un de l'autre.

On plaça à la tête de ces gouvernements deux kaïmakams : un druse, l'émir Ahmet-Roslan, et un maronite, l'émir Haydar. Ce dernier mourut bientôt et fut remplacé par un autre maronite, l'émir Béchir-Ahmet-Aboullamas, qui resta jusqu'en 1860.

Après les nouveaux massacres de 1860 qui désorganisèrent encore le gouvernement, les puissances européennes intervinrent une seconde fois et changèrent complètement l'organisation du Liban.

D'accord avec la Turquie, elles lui donnèrent l'administration qui le régit encore aujourd'hui.

Le Liban est maintenant dirigé par un seul gouverneur qui doit être catholique et porte le titre de pacha.

Ce fonctionnaire est amovible ; il est nommé par la Sublime Porte.

Il est investi de toutes les attributions du pouvoir exécutif : il nomme et révoque tous les agents de l'administration, il institue les juges, convoque et préside les metjlis ou conseils administratifs, approuve l'exécution de toutes les sentences légalement rendúes par les tribunaux.

Pour tout le Mont-Liban, il existe un conseil administratif, ou metjlis central. Ce conseil remplit le rôle d'une chambre de députés. Il est composé de maronites, de grecs catholiques, de grecs schis-matiques, de drusos, de mutualis et de musulmans. Il est chargé de la répartition des impôts, du contrôle et de la gestion des revenus et des dépenses.

Le gouverneur consulte ce conseil quand il veut prendre une décision ; mais le conseil n'a pas le droit d'ordonner ou de s'opposer à l'exécution de cette décision dont lui, gouverneur, reste seul juge.

Sept arrondissements administratifs dépendent du gouverneur :

Le Koura, y compris les fractions du territoire avoisinant et dont la population appartient au rite grec schismatique.

La partie septentrionale du Liban jusqu'à Batroun.

Le Kasrawan.

Le Maten, y compris le Sahel chrétien.

Le Chouff, avec le territoire au sud de la route de Damas à Bey-routh jusqu'à Djezzin.

Djezzin et le Teffah.

Enfin Zahlé et son territoire.

Dans chaque arrondissement, le gouverneur nomme un kaïmakam (qualité qui correspond à celle de sous-préfet en France), pris parmi les membres de la population dont le rite est le plus important.

Par exemple : dans la partie septentrionale, la population maronite étant supérieure à celle des autres rites, le kaïmakam doit être maronite. Celui de Koura est grec schismatique. A Chouffa, un druse ; à Zahlé, il est grec catholique.

Les arrondissements sont divisés en cantons d'après les anciens klims ou districts. Les cantons sont divisés en communes. Le gouverneur nomme, sur la proposition du chef de l'arrondissement, un médie, à la tête de chaque canton. Il place dans chaque commune un scheik qui lui est présenté par les habitants.

Le scheik remplit les fonctions du juge de paix.

La justice est rendue par trois tribunaux.

Un metjlis judiciaire supérieur composé de quatorze membres pris dans les sept arrondissements administratifs. Il leur est adjoint un représentant du culte israélite et un autre du culte protestant.

Le metjlis supérieur a son siège au gouvernement supérieur.

Dans chaque arrondissement, il y a un metjlis judiciaire de première instance composé de trois à six membres, représentant les différentes religions de la population. Enfin, dans chaque commune, le juge de paix, dont les fonctions sont remplies par le scheik ou maire.

Les audiences sont tenues publiquement ; il en est chaque fois dressé procès-verbal par un greffier. Ce greffier est encore chargé de l'inscription, sur un livre spécial, de toutes les mutations immobilières.

Le Liban demande les extraditions et répond aux demandes de cette nature qui lui sont faites par les pays voisins.

L'ordre est maintenu par un corps de police mixte, recruté par voie d'engagements volontaires. Ce corps est composé de sept hommes pour cent habitants.

La Sublime Porte lève, par l'intermédiaire du gouvernement, un impôt usuel de 3,500 bourses (5,250,000 francs). Cet impôt peut facultativement être élevé à 7,000 bourses (10,500,000 francs), lorsque les circonstances le permettent. Le produit des impôts prélevés par le gouvernement du Mont-Liban doit être principalement affecté aux frais d'administration de la montagne et servir à faire face aux dépenses d'utilité publique.

CHAPITRE IV

Les habitants du Liban, leurs différentes religions

Le Liban est habité par plusieurs nations appartenant chacune à un rite ou à une religion particuliers :

Ces nations sont représentées par les Maronites, les Grecs unis, les Chaldéens, les Cophtes, les Grecs schismatiques, les Druses, les Arméniens, les Musulmans, les Nossaïris, les Syriens et les Jacobites, les Mutualis, les Juifs, et par quelques colonies européennes.

Les maronites forment la première nation chrétienne du Mont-Liban ; leur population est la plus importante, elle compte aujourd'hui près de 500,000 âmes.

L'histoire de cette vaillante population constitue l'histoire du Mont-Liban :

En l'an 431, les disciples de l'hérésiarque Nestorius, patriarche de Constantinople, causaient de grands ravages dans la chrétienté. Leurs prêches, qu'ils appuyaient de séductions matérielles, comme le font aujourd'hui les disciples de Luther et de Calvin, étaient un véritable danger pour la foi chrétienne. A l'instigation d'un solitaire, qui vivait dans la montagne, Nestorius fut déposé par le concile d'Éphèse. Ses disciples l'abandonnèrent et il alla mourir sans secours dans les déserts de Libye, en 439.

Le solitaire, qui, par sa sainteté seule, gagna cette victoire contre les infidèles, s'appelait Maron.

Il vivait près d'Antioche ; la réputation de ses vertus se répandit rapidement dans toute la montagne et même dans toute la Syrie.

Après la chute de Nestorius, ce courageux religieux parcourut la montagne, prêchant aux Syriens, et faisant des disciples ; il eut la gloire de triompher de l'hérésie.

Les adeptes que fit Maron furent appelés, par dérision, Maronites, et, comme ils s'opposaient aux ordres de l'Empereur de Constantinople, on leur donna aussi le nom de Mardaïtes, qui veut dire rebelle.

La nation maronite était désormais fondée : elle ne fit que grandir depuis.

Continuant l'œuvre de Maron, elle déclara la guerre aux Sarrasins, les chassa de la Terre-Sainte, de la Phénicie, et les repoussa jusqu'au delà des limites de l'Arménie.

En 650, les membres de la nation maronite s'assemblèrent pour

Jeune fille maronite (Liban)

nommer un chef; ils élirent un religieux nommé aussi Jean Maron. Le délégué apostolique du pape saint Martin sacra le nouveau chef, évêque de Djebail et Bartron.

Lorsque le premier évêque de la nation maronite vint à Rome pour affirmer son union au Saint-Siège, il fut nommé patriarche. A son retour, il établit une hiérarchie dans son église, hiérarchie qui a été conservée, presque sans modification jusqu'à ce jour.

Les maronites sont de purs catholiques.

La nation des Grecs catholiques ou Grecs unis est composée par les Syriens qui se sont séparés de l'Église grecque pour embrasser les doctrines de l'Église romaine. Les conversions datent de l'an 858, époque à laquelle le schisme de Photius était en pleine prospérité. Cependant, les générations qui suivirent ne restèrent pas toujours fidèles à la foi de leurs prédécesseurs et retournèrent souvent à l'ancienne Église. Le retour à Rome s'accentua, surtout, en 1439, à la suite du concile de Florence; il devint définitif en 1723.

Rome donna alors aux Grecs un patriarche auquel elle assigna Alexandrie comme résidence.

Les Grecs convertis ont deux juridictions : celle du patriarche d'Alexandrie et celle des évêques latins. Les premiers sont les Grecs catholiques, les seconds les Grecs unis.

En 1838, le Pape étendit la juridiction du patriarche grec à Antioche et à Jérusalem, où résident beaucoup de Grecs catholiques.

Les Chaldéens sont les adeptes de la religion nestorienne. Ils croient, selon le nestorianisme, qu'il y a deux personnes en Jésus-Christ : la personne divine, spirituelle, et la personne matérielle.

Ils nient aussi que la Vierge, personne matérielle, ait été la mère de Dieu. Pour eux, Jésus seul était son fils.

Cette doctrine a d'abord été prêchée par l'évêque de Tharsas, Duodaras et celui de Massita, Théodose.

Nestorius, disciple de ces évêques, lorsqu'il fut élevé au patriarcat de Constantinople, préconisa leur doctrine, que les Grecs, habitant les bords de l'Euphrate, embrassèrent.

Saint Cyrille et le pape Célestin s'élevèrent contre cette hérésie, et dans un concile tenu à Rome, le promoteur fut anathématisé et dépossédé de sa dignité; mais il était trop tard.

Plusieurs évêques du patriarche déchu continuèrent la propagation de son hérésie. Jéhiba, évêque de Babylone, la répandit dans toute la Chaldée, Parsoun dans toute la Perse, chez les Arabes, en Arménie, et dans tout l'Orient.

Les fils de la foi catholique luttaient contre le trouble jeté dans les esprits, et ils ramenaient à eux beaucoup d'égarés; malheureusement, un nouvel ennemi surgit :

Un moine, des environs de Constantinople, nommé Eutychès, éleva la voix dans le concert des compétiteurs et déclara qu'il n'y avait qu'une nature en Jésus-Christ. Cette nouvelle thèse fût immédiatement soutenue par l'empereur de Constantinople, Théodose le Jeune. Un concile réuni à Ephèse par le patriarche d'Alexandrie, Dioscore, et un certain Parsoun, archimandrite, déclara que les dires d'Eutychès étaient une vérité.

La religion chaldaïque, désormais établie, a subsisté jusqu'à ce jour.

Les Cophtes sont les Chaldéens d'Alexandrie, la religion est la même que celle de ces derniers.

Cependant, il y a une légère différence qui permettrait de considérer les Cophtes comme étant plutôt des adeptes d'Eutychès que de Nestorius. D'ailleurs, leur nom leur a été donné par le patriarche Doiscore pour les distinguer des hérétiques des bords de l'Euphrate.

Les Cophtes ont fondé l'Église d'Alexandrie, ils y ont un patriarche dont la juridiction s'étend dans l'Abyssinie, le Thibet, et toute l'Égypte jusqu'à la Palestine.

Les Grecs schismatiques sont les membres de l'Église fondée par Photius.

Comme les Chaldéens et surtout les Cophtes, leur croyance admet que le Saint-Esprit ne procède que du Père.

C'est la fameuse doctrine qui démembra l'Église grecque en 858. Elle fut anathématisée par le pape saint Nicolas Ier, dit le Grand, l'année même de son avènement au pontificat.

Les Grecs schismatiques ne reconnaissent pas le pouvoir du pape.

Les druses sont les ennemis héréditaires des maronites. Ce sont les partisans de la métempsycose.

Ils ne reconnaissent qu'un seul Dieu, esprit parfait, invisible et indéfinissable. Dieu, d'après leur religion, serait venu plusieurs fois sur la terre en s'incarnant dans le corps de mortels ; il doit y revenir pour y demeurer.

Sa première créature serait l'*intelligence universelle* de laquelle sont nées les âmes, qui ne meurent jamais et habitent successivement les corps en se perfectionnant. Cette religion impose la vérité dans les actes et les paroles, la charité envers les seuls croyants, l'obéissance la plus passive aux volontés de Dieu.

Les druses ont leurs mystères religieux qu'ils célèbrent en secret.

L'initié qui se rendrait coupable d'une révélation est condamné à mort et on le tue.

Ils peuvent aussi tuer, sans que cela constitue un crime à leurs yeux, ceux qui ne partagent pas leurs croyances, et surtout si le crime peut être utile à leur secte.

Ils ont souvent montré avec quelle férocité ils pratiquent l'assassinat des ennemis de leur religion; le sang des maronites, qu'ils ont fait couler en 1860, marque encore des sillons dans la montagne.

Ils sont d'une grande sobriété et mettent beaucoup de recherches dans leur habillement. Les femmes surtout sont très élégantes, elles ont une intelligence supérieure; aussi jouissent-elles du respect de tous et sont-elles admises au nombre des premiers initiés.

Cette nation a été formée par une fraction des fatimistes, sorte de secte musulmane qui tirait son nom de Fathma ou Fatime, fille de Mahomet.

A la naissance du Christ, une partie des membres de la religion de Fathma se sépara de son église et se convertit au christianisme qu'elle suivit pendant plus de huit siècles.

Lorsqu'un jour, le roi des fatimistes, gouverneur de l'Egypte, proclama que la fille de Mahomet lui était apparue et lui avait fait entendre les paroles suivantes :

« Sultan Abou Almansour, le ciel t'éclaire, la terre refleurit ! L'âme d'Adam a cessé de parcourir l'espace des ténèbres, elle s'incarne en toi : Va, Mahomet t'inspire, règne sur son peuple. »

« Le ciel s'éclaire, la terre refleurit. Allah ! Hakam Biamré ; Allah ! Hakam Biamré » (1).

____

(1) Dieu ! Gouverne par mon ordre.

Abou Almansour se fit aussitôt reconnaître prophète, prit le nom de Hakam-Biamré et institua la religion des druses.

Les druses croient que quand l'âme quitte son enveloppe matérielle, elle s'introduit immédiatement dans le corps d'une créature qui vient de naître. C'est ainsi qu'ils prétendent que l'homme honnête est une âme supérieure incarnée et que le méchant possède une âme qui a vécu dans le corps d'un homme dont l'intelligence était inférieure. L'âme d'un homme peut aussi, d'après cette plaisante doctrine, revivre dans le corps d'un animal : un chien, un chat, un oiseau, une bête utile ou nuisible, selon que son premier possesseur a été bon ou mauvais.

Voici une anecdote vraie, qui montre bien jusqu'à quel point peut aller le ridicule de cette religion.

Un druse, moukre, conduisait son âne chargé, dans la montagne ; l'âne, têtu comme tous ceux de sa race, s'obstinait à ne pas vouloir franchir une petite flaque d'eau. Le pauvre conducteur le tirait par la bride, suant sang et eau, sans parvenir à le faire avancer d'un pas.

« Mon cher seigneur, suppliait-il, marchez. La nuit va nous surprendre, les âmes peuvent venir prendre mon corps. »

L'âne se contentait de braire et refusait toujours d'avancer. Le druse alors lâche la bride, porte la main à son tarbouch (1) et s'adressant à l'âne, lui dit humblement :

« Mon cher seigneur, il faut en finir ; je vous demande pardon des coups de bâtons que les circonstances m'obligent à vous donner, mais il faut marcher ». Et les coups de pleuvoir sur le dos du baudet.

A chaque coup de bâton qu'il donnait, l'ânier s'écriait : « Pardonnez-moi, seigneur, mais il le faut. »

____

(1) Coiffure.

Ce druse croyait tout simplement que l'âme d'un cheick, décédé depuis peu, était entrée dans le corps de son âne.

Les druses ont des chef religieux qu'ils appellent Halcel ou savants, et d'autres qu'ils appellent Jahel ou ignorants.

Un des traits caractéristiques de cette religion consiste à limiter la connaissance de ses membres au grade hiérarchique qu'il occupe.

Les Halcel ont des loges situées en dehors des villages. Dans ces loges, où ne sont pas admis les Jahel et le peuple, ils se livrent aux pratiques de leur culte dans le plus grand secret.

Les schismes de la religion arménienne ont subsisté jusqu'en 1889, époque à laquelle son patriarche Kupellian vint à Rome, les abjurer aux pieds de Léon XIII.

Ils consistaient à croire à la doctrine de Dioscore et à celle préconisée par l'évêque d'Halicarnasse, qui prétendait que le corps de Jésus-Christ était incorruptible même avant sa mort.

Un concile schismatique, réuni à Taphen, décréta dogme cette prétention.

Depuis lors, l'Église arménienne vécut dans un grand désordre. Les abjurations d'une part, les conversions de l'autre, créèrent une situation tellement compliquée, que les Arméniens finirent par se trouver sans patriarche.

Cette situation équivoque dura jusqu'en 1708.

A cette époque, on réussit à nommer un patriarche chrétien ; mais immédiatement après, ceux qui voulaient ne pas abandonner leur schisme nommèrent un patriarche hérétique.

Enfin un nouveau retour eut lieu. En 1830, le pape Pie VIII, nomma un primat arménien, qui à son tour nomma des patriarches dans le Mont-Liban.

Les chefs de cette religion qui résistèrent, depuis, dans la montagne, étaient d'une sainteté telle, que leurs résidences devenaient des lieux de pèlerinage.

Les habitants ne voulaient plus, pour se guérir des maladies, que recourir aux patriarches arméniens.

Ils buvaient de l'eau bénite par eux en guise de tisane, en aspergeaient leurs maisons pour les préserver des calamités, en jetaient sur leur nourriture et sur leurs récoltes.

Le commencement de l'ère musulmane date de l'an 622. La religion que l'on appelle aussi mahométisme ou islamisme fut définitivement fondée par Mahomet.

C'est la religion d'État en Syrie, elle est règlementée par le Quor'an ou Coran.

Le Coran a été écrit par le Prophète, il renferme les dogmes et les préceptes de cette religion et établit la civilisation musulmane.

Le Coran admet la prédestination et les musulmans croient que tous les actes et tous les événements qui se produisent dans la vie ont été prévus, qu'ils devaient se produire. Aussi, quoi qu'il arrive d'heureux ou de malheureux à un musulman, sa joie ou sa douleur se limite à cette pensée : « C'était écrit. »

La secte des nossaïris, n'a pas d'histoire, elle a été formée par des musulmans, qui se sont fait baptiser. Ces musulmans appartenaient à une tribu dont le chef portait le nom de Noussaïr.

La religion des nossaïris, n'a rien de bien déterminé. Elle tient entre le druse et le mutualis desquels elle a pris les pratiques qu'elle confond avec des pratiques chrétiennes. Ils habitent presque tous au nord du Liban, sur les limites de la frontière.

Les Syriens sont ceux qui se sont séparés de l'hérésie d'Eutychès pour embrasser la religion chrétienne.

Leur patriarche n'a pas de résidence bien établie. Après avoir eu son siège à Antioche, il en fut chassé par les hérétiques, qui ne voulaient voir dans cette ville que le chef de leur Église.

Il vint alors dans le Mont-Liban, où les chrétiens lui donnèrent l'hospitalité dans le couvent de Chaarfé, situé dans le Kasrawan. Le siège de cette église fut désormais établi dans ce couvent et y demeura jusqu'en 1839.

Le patriarche syrien quitta sa résidence de Kasrawan, après avoir obtenu un firman du Sultan, et vint s'établir à Alep, où le patriarcat a maintenant son siège.

Les jacobites ne sont que les Syriens qui ont continué à croire aux doctrines d'Eutychès. Ils n'ont pas grande importance. Leur nom leur a été donné par un religieux, Jacques Bouradaïe qui s'était fait nommer patriarche et avait usurpé le siège patriarcal de Rhaa. Les dissensions n'ont jamais cessé de régner dans cette secte, où les prêtres ont toujours voulu posséder la plus haute dignité et ne cessent de se jalouser.

A la mort de Mahomet, les musulmans ne s'entendant plus sur les principes de la religion du prophète, se divisèrent en plusieurs sectes.

Il y eut les sinites ou partisans des généraux de Mahomet, qui voulaient s'emparer du pouvoir; les chites, partisans d'Ali, gendre du prophète, et enfin les mutualis, nom que prit l'un des soldats d'Ali.

Le mot mutualis est le dérivé d'un verbe arabe *taoualla*, qui signifie diviniser.

En effet, les mutualis voulaient proclamer Mahomet Dieu, prétendant que Dieu n'avait pris la figure du prophète, que pour venir apporter la lumière aux hommes.

Ils se séparèrent des autres sectes et poussèrent les scrupules de leur foi si loin, qu'ils abandonnèrent les villes pour éviter tout contact avec les autres croyants. Ils se croient souillés par le contact d'un chrétien. Lorsque les règles de l'hospitalité, qu'ils pratiquent, les a obligés d'admettre un étranger dans leur demeure, dès que celui-ci est parti, ils procèdent à une purification et brisent ou brûlent les objets dont l'étranger s'est servi.

En Syrie, ils habitent la montagne, le Jabal Echehckif, près de Saïda, et les environs de Balbeck.

Ils exercèrent à un moment donné une grande influence dans le Mont-Liban. Ils eurent même le gouvernement d'un district, que leur avait accordé le pacha de Tripoli.

Les mutualis ont perdu toute influence par leur ignorance. Ils sont actuellement huit ou dix mille disséminés dans le Mont-Liban et n'ont aucune autorité.

Les juifs sont trop connus pour que nous en parlions. Ils sont assez nombreux dans le Mont-Liban, mais en dehors des relations commerciales, ils vivent à peu près seuls. Ils sont également évités par les chrétiens et les musulmans ; ils n'en exercent pas moins une certaine autorité financière.

Les colonies européennes qui sont venues s'établir dans le Mont-

Liban y ont importé la religion protestante. Il faut constater, toutefois, que les conversions qui se produisent ne sont pas très nombreuses et ne se font pas parmi les catholiques ni les musulmans.

Il est bon d'ajouter que ceux qui travaillent à faire ces conversions, agissent le plus souvent dans un but national, plutôt que dans un but religieux. Aussi n'est-ce pas par les vertus de la foi qu'ils opèrent dans bien des cas, mais par l'appât de l'intérêt.

CHAPITRE V

Type, Mœurs et Coutumes des Libanais

E type du Syrien est purement sémitique. Le visage est d'un ovale un peu allongé; le front peu élevé, large et légèrement protubérant; le nez aquilin, la bouche plutôt grande, formée par des lèvres un peu épaisses, le menton presque fuyant. Les yeux sont généralement d'un brun foncé ou noirs, mélancoliques; le teint brun et mat.

La taille, en général, est moyenne, plutôt petite, mais bien proportionnée.

Le costume syrien est original et ne manque pas d'une certaine grâce. Le schéroual ou pantalon est très large et flottant, plissé à la taille au moyen d'un cordon, serré à la cheville; il ressemble assez à un jupon de femme.

La veste est très courte, couvrant seulement le dos, arrondie par devant, les manches très étroites et boutonnées jusqu'au coude; elle rappelle exactement la veste de Figaro.

Le gilet tout droit, fermé du col à la ceinture, par une série de petits boutons ronds.

La taille est enveloppée dans une écharpe qui en fait plusieurs fois le tour et forme comme une large ceinture. Le tarbouch ou fez, petit bonnet rouge, à forme conique aplatie dans sa partie supérieure, sert de coiffure. Souvent la tête est enveloppée d'une écharpe en forme de turban.

Le costume des femmes est maintenant comme celui des européennes, mais beaucoup plus simple, surtout dans la montagne; elles ne portent pas de chapeaux. Autrefois, les femmes portaient aussi un schéroual comme les hommes, mais plus volumineux, la petite veste; et, sur la tête un immense cornet, comme en portaient les châtelaines des légendes, où pendait un long voile qui servait à envelopper le visage et tout le corps.

On appelle cette coiffure « tantoura »; elle avait environ 60 centimètres de hauteur, en argent orné d'appliques d'or en relief et de pierres précieuses.

Les dames portaient ce cornet sur une calotte en métal précieux, qui lui servait de base, elles ne le retiraient que pour le nettoyer. Des auteurs prétendent que cette coiffure est encore en usage chez les dames druses, c'est une erreur.

Les costumes sont plus ou moins riches : en soie ornée de passementeries, d'or et d'argent, de pierres précieuses ou de verroterie ; ou alors en drap et en toile.

Le caractère des syriens est facile, doux, insouciant, il semble fait de résignation, derrière laquelle sa cache un certain fond d'astuce.

Des écrivains, qui ont vécu dans les milieux syriens, disent que l'Orient est une école normale de la diplomatie. Cette prétention est absolument fondée. Si d'un côté il existe, en Orient, les multiples questions qui intéressent les nations européennes, il y a, de l'autre, un esprit de dissimulation, de convoitise et de mercantilisme qui est très dominant dans les relations.

Le respect de la famille, chez ces natures encore un peu primitives, est un véritable culte.

Le père y est l'objet de toutes les vénérations. Ce n'est qu'avec les marques du plus profond respect, que les enfants lui parlent et lui baisent les mains.

Un fils qui se révolterait contre l'autorité paternelle serait voué au mépris public.

Quant à la mère, elle est considérée comme une sainte devant laquelle on est en adoration.

La femme, en Syrie, est la reine de la maison, c'est à elle qu'incombent les soins du ménage, de la famille. Elle reste, pour ainsi dire, étrangère aux affaires de son mari, dont elle est la servante dévouée et fidèle. Passive et obéissante, la volonté du Maitre, n'est jamais contrariée par elle.

Les femmes ne sortent que très rarement et, dans beaucoup de maisons, elles ne mangent même pas avec la famille. Les femmes chrétiennes, contrairement aux femmes musulmanes, ne sont pas séquestrées, mais portent, comme ces dernières, un voile épais qui cache leur visage.

Toutefois cet usage, comme beaucoup d'autres d'ailleurs, tombe en désuétude. Dans les villes, la jeune génération remplace le voile par la mantille espagnole et le costume national par le costume européen.

Les enfants sont élevés avec une sévérité que n'atténue aucune faiblesse. On procède avec eux d'après cette morale du roi Salomon, que répudient nos mœurs. « Le bâton est nécessaire à l'enfant comme le fumier à la terre. » Très souvent pour le punir d'une faute, l'enfant est attaché à un arbre et bâtonné. Il reste ainsi attaché de longues heures et jusqu'à ce que la mère ait obtenu l'autorisation de venir le délivrer. Ceci n'implique pas que l'on n'aime pas l'enfant, qui est au contraire entouré des soins les plus affectueux.

La vie dans le Mont-Liban est toute patriarcale et toute de famille, point de ces distractions dans lesquelles l'esprit se vicie et se corrompt, et où le corps s'use, mais des distractions saines, où l'âme se délasse et conserve le calme d'une paix profonde. Les journées sont employées au travail; le soir, les familles se réunissent, on prie, on chante, on joue et on fume.

En hiver, on se réunit autour d'un brasero placé au milieu d'une chambre. Comme l'usage des chaises n'est pas en vigueur et que pour cette raison les maisons en sont dépourvues, on s'assied par terre, sur des nattes, les jambes croisées. Un narguilé pourvu d'un long tube flexible est placé au milieu du cercle; chacun des assistants en aspire la fumée en faisant circuler le tube de bouche en bouche.

On boit naturellement force tasses de café.

Les anciens racontent des histoires invraisemblables qui sont religieusement écoutées. Puis on chante et souvent on récite des prières.

Une lecture est fort en usage dans ces soirées, c'est celle du roman fantastique d'Antar, qui se lit chaque hiver, et toujours le même. Il résulte de cela que certains Syriens en ont entendu la lecture et l'ont lu eux-mêmes des centaines de fois.

A la fin de la soirée, les maitres de la maison où a lieu la réunion servent à leurs invités un grand vase rempli de neige et un plat où s'étale, gluante et brune, une masse de mélasse (1). On distribue des cuillères en bois à chaque convive. Chacun, à tour de rôle, plonge alternativement sa cuillère, tantôt dans la mélasse, tantôt dans la neige, et mange avec une satisfaction que quelques tasses de café complètent.

Les soirées d'été s'écoulent de même fort avant dans la nuit. Les réunions n'ont plus lieu dans les maisons, mais tout simplement dehors. Là, on se couche par terre, le coude appuyé sur un coussin, le regard perdu vers les étoiles ; et, dans la tiédeur de la nuit, s'élèvent des chants bizarres, nasillés (2) sur un rythme dont la douceur n'effarouche même pas les oiseaux.

La naissance d'un enfant est la cause d'une joie extraordinaire qui se manifeste bruyamment, surtout si c'est un garçon.

L'enfant est baptisé très solennellement. Après le baptême, le clergé, les parents, les amis font faire au nouveau-né trois fois le tour de l'église, puis ils l'accompagnent processionnellement jusqu'à la demeure des parents.

Alors commencent des réjouissances désordonnées ; on crie, on danse, des coups de fusil sont tirés ; on se livre à des extravagances

---

(1) La mélasse du Mont-Liban n'est point faite avec les résidus de sucre ; on la compose avec du jus de raisin que l'on fait cuire jusqu'à ce qu'il soit devenu comme une pâte. Cette composition est un mets national ; elle fait partie de tous les repas et une soirée ne saurait être terminée sans qu'elle soit offerte.

(2) Les Syriens chantent avec une voix nasillarde.

incroyables. Ces cris, ces chants, ces danses et ces coups de fusil sont accompagnés du son strident de la crécelle, du tamtam et des cymbales. On ne s'entend plus; c'est un vacarme épouvantable, mais comme la fête est d'autant plus belle que le bruit est plus grand, on s'en donne à cœur-joie.

Quand la fatigue commence à calmer l'ardeur des manifestants, on se met à table, car ces réjouissances comportent aussi des agapes; et quelles agapes! des repas auprès desquels ceux des Gargantua et des Pantagruel ne sont que des petits déjeuners.

Le menu, s'il n'est pas précisément de nature à humecter le palais délicat d'un gourmet, est au moins fantastique.

Une profusion de riz au fromage et au mouton, du mouton en hachis, du mouton grillé, du mouton partout, des olives, de la volaille, des plats nationaux et de circonstance, des fleurs en salade et des confitures de fleurs, des fruits confits, des bonbons au miel, de la mélasse à la neige, etc. Les vins d'or du Liban, les sorbets, l'araki.

Tout cela est absorbé avec un appétit qui témoigne bien de la puissance stomacale de ces natures vierges de corruption.

Après le diner, qui se prolonge fort tard, on boit des flots de café, on fume le narguilé et chacun se dispose à aller goûter un repos bien gagné.

Il est d'usage que chacune des femmes du district qui allaite vienne visiter l'accouchée et donne le sein à l'enfant.

Cet usage remonte aux temps les plus reculés et prend sa source, bien entendu, dans les principes de la religion. Par cet allaitement, l'enfant devient le frère de tous les autres enfants, et ainsi se trouve établie la fraternité du Christ.

Les enfants, dès leur naissance, sont entièrement enveloppés dans des langes, les bras liés le long du corps. On les couche dans un berceau d'où on ne les retire que pour faire leur toilette. Souvent même la mère ne prend pas l'enfant dans ses bras pour l'allaiter, elle s'agenouille auprès du berceau.

Les mariages sont aussi la cause de cérémonies d'une originalité charmante et naïve. Naturellement, ils sont aussi très bruyants.

Dans bien des cas, ce sont les pères qui s'occupent du mariage de leurs enfants sans que ces derniers soient consultés. Il arrive alors que le jeune homme et la jeune fille se voient pour la première fois à l'église au moment même de la célébration. Si l'un des deux jeunes gens refuse de se marier ainsi sans connaître son futur conjoint, cet acte de désobéissance est sévèrement puni, et le pardon paternel n'est accordé qu'avec le consentement du récalcitrant.

Dans d'autres cas, et ceux-là sont les plus nombreux, le jeune homme a choisi son épouse ; son père fait ensuite demander à la jeune fille et à ses parents si l'union projetée est agréée par eux.

C'est généralement un prêtre qui est chargé de cette mission délicate.

Cette formalité préliminaire remplie, les parents procèdent aux fiançailles, à la rédaction du contrat sous la présidence du prêtre et en dehors des futurs époux qui en sont informés après. Le jeune homme est alors autorisé à envoyer une bague à la jeune fille qui l'accepte.

L'engagement réciproque ainsi pris et béni par le prêtre est sacré ; il serait considéré comme un crime d'y manquer.

A partir de cet instant, jusqu'au jour du mariage, il est interdit aux jeunes gens de chercher à se voir.

Un vieil usage, qui disparaît, voulait que la veille du mariage la mariée subît un traitement quelque peu barbare :

Les femmes parentes et amies de la famille s'enfermaient dans une chambre avec la nouvelle mariée; elles lui teignaient les ongles des mains et des pieds, en rouge. Cette première opération faite, elles faisaient chauffer de la mélasse et l'appliquaient brûlante sur les joues de la patiente. Quand cette mélasse avait, en se refroidissant, forte- ment adhéré à la peau, elles l'enlevaient brusquement. Les plaques gluantes, en se détachant, arrachaient le duvet qui était sur le visage et les pommettes apparaissaient toutes rouges.

Le jour de la célébration du mariage, le plus intime ami, suivi de tous les invités, apporte les vêtements du marié; il fait trois fois le tour de la salle en tenant ces vêtements au dessus de sa tête, puis les remet à leur propriétaire qui se retire pour s'en vêtir.

La même cérémonie, faite par des jeunes filles, a lieu chez la fiancée.

Les invités hommes, ayant à leur tête le plus âgé d'entre eux, vont chercher la jeune future qui attend chez son père, le visage couvert d'un voile épais.

Le vieillard qui est à la tête de la petite troupe frappe à la porte, les parents se présentent :

— Que demandez-vous, interrogent-ils ?

Le vieillard s'incline trois fois et répond :

— Nous venons chercher celle que le ciel a créée pour être, sur cette terre, la compagne de N....

— Nous refusons de vous la donner.

— Pourquoi, puisque Dieu le veut ?

— Parce qu'il faut, avant qu'elle sorte de cette maison, manger le « poulet de la mariée. »

Tout le monde est alors introduit.

Sur une nappe, étendue le plus souvent par terre, se trouve une énorme volaille farcie. On se précipite, on se bouscule, et, en moins de temps qu'il en faut pour l'écrire, la volaille est engloutie.

Le père va chercher sa fille, lui donne sa bénédiction, et, après l'avoir embrassée, la confie à ceux qui viennent la chercher.

La jeune fille monte sur un cheval caparaçonné de blanc et enguirlandé de fleurs, et le cortège se dirige vers la maison du futur ou vers l'église, selon que le mariage doit avoir lieu dans l'une ou dans l'autre.

Si la cérémonie a lieu à la maison, la jeune fille et toutes les femmes se tiennent dans une chambre pendant que le jeune homme, le prêtre et tous les hommes se réunissent dans une autre configuë.

Les fiancés ne se voient pas, un rideau les sépare.

A un moment donné, le rideau est légèrement soulevé, la future tend la main et reçoit l'anneau nuptial que lui donne celui qui va être son mari.

Le prêtre commence les prières, auxquelles tous les assistants répondent, et il donne la bénédition du mariage.

A l'église, la cérémonie est la même, mais les conjoints se voient; ils ne sont séparés que par une grille en bois. Sur une table sont posés des vêtements que le marié revêt par dessus ceux qu'il porte pendant la bénédiction et qu'il quitte après.

Le soir, après le repas traditionnel, tout le monde se retire excepté les parents.

Les femmes se livrent à la danse avec forces contorsions de bras et invitent la mariée à faire comme elles. Celle-ci refuse jusqu'à ce que son époux soit autorisé à entrer.

Les réjouissances auxquelles donnent lieu les mariages sont les mêmes que celles occasionnées pour les baptêmes : chants, cris, danses, coups de fusil, tamtam, cimbales, etc., mais elle se continuent pendant huit jours.

Durant ce laps de temps, la mariée, toujours voilée, reçoit les compliments qui lui sont adressés par tous les habitants du pays et même des environs. Elle ne doit pas parler et ne répondre que par des signes ou des monosyllabes.

Les Syriens, comme tous les Orientaux, sont d'une exhubérance qui ne se départit jamais. Les joies et les douleurs se traduisent également, chez eux, par des cris, des gestes désordonnés et des repas.

Nous les avons vus dans la joie, voyons-les dans la douleur.

Quand un décès survient, la maison mortuaire est généralement remplie de parents et d'amis, autant qu'elle peut en contenir.

Immédiatement après que le moribond a rendu le dernier soupir, tous les assistants, comme s'ils n'attendaient que cet instant suprême pour éclater, fondent en larmes et poussent des cris déchirants.

C'est le délire de la douleur.

Des scènes lamentables se produisent et cela dure jusqu'à la levée du corps. Tout le monde pleure et suit le cortège funèbre jusqu'à la tombe. Quand le moment de quitter pour toujours ce qui reste du parent ou de l'ami, les cris et les pleurs redoublent plus pitoyables. Enfin, tout est fini; on revient tristement au domicile du défunt prendre part au repas des funérailles.

Après, et pendant huit jours, il règne dans la maisan mortuaire un silence de tombeau. Toute occupation est cessée; on retire tous les objets et meubles de luxe, les femmes se couvrent la tête d'un long voile noir; les hommes remplacent leur fez rouge par un fez noir et laissent pousser leur barbe.

C'est le deuil sombre, silencieux, étranger à la vie.

Si le défunt était un homme ayant occupé une haute situation ou possédé une grande fortune, les funérailles sont faites avec plus d'apparat.

La famille loue un grand nombre de pleureurs, de pleureuses et de chanteurs. Ces acteurs de la mort suivent le cortège munis d'un cierge, poussent des cris et chantent des improvisations sur un rythme lugubre.

Pleureurs et chanteurs parcourent ensuite, pendant huit jours, le district, proclamant les vertus de celui qui vient de quitter la vie.

Le cheval du défunt, caparaçonné de noir, est promené suivi de gens portant chacun un objet ayant appartenu à son maître.

Tous les prêtres du district vont aux enterrements; il en vient même des districts voisins. Il n'est pas étonnant de voir, à un convoi funèbre, quelquefois plusieurs centaines de prêtres; chacun d'eux reçoit une somme d'argent destinée à payer les messes qui seront dites pour le repos de l'âme du mort.

Le Syrien pratique l'hospitalité avec tout le désintéressement qu'elle comporte.

Il considère que le droit d'hospitalité est légitime et ne cherche jamais à se soustraire à ses obligations.

C'est là d'ailleurs un des traits caractéristiques de ses mœurs qui seraient absolument parfaites, sans le fanatisme religieux qui en est le fond, et les particularités que nous avons déjà signalées.

Un touriste peut s'aventurer sans crainte dans les montagnes libanaises; il est toujours sûr de trouver un gîte et la table.

On tient à honneur de recevoir un étranger et on se le dispute.

Il est d'un usage constant, quand un étranger reçoit l'hospitalité, que tous les habitants viennent le saluer et lui offrir leurs services.

Le Syrien estime qu'il n'a pas besoin de connaitre celui qu'il reçoit dans sa maison. Aussi se garde-t-il bien de poser des questions indiscrètes.

Le titre d'étranger est sacré, il lui suffit; que lui importe le reste.

Quand on entre dans une de ces maisons patriarcales, vastes et nues comme elles le sont toutes dans la montagne, le chef de la famille dit au visiteur :

« Vous êtes mon hôte; ma maison est à vous. Vous êtes le maître « et nous nous mettons tous sous votre protection. »

Après ces paroles, tous les membres de la famille viennent lui souhaiter la bienvenue; les enfants et souvent de très grands jeunes gens lui baisent les mains.

La famille s'évertue pour rendre le séjour agréable à l'hôte ; ce sont des attentions de tous les instants.

Les vieillards racontent l'histoire du Mont-Liban et les événements de 1860 qui l'ont ensanglanté.

Les enfants exclament leur admiration naïve qu'un rien provoque. Les femmes préparent le repas et s'ingénient à faire des sucreries.

On parle de la France et de la vieille tradition qui conserve son amour dans la montagne.

On pourrait prolonger son séjour dans les demeures hospitalières des Syriens : les hôtes, qui y reçoivent, ne se lasseraient pas de le rendre agréable.

On ressent une sensation indéfinissable dans ces milieux poétiques. Une douce émotion étreint le cœur. Un sentiment de bien-être infini semble circuler dans les veines en entendant ces phrases imagées qui sont comme murmurées.

Ah! qu'ils sont loin les gris de la vieille cité parisienne !

Ici, la montagne regarde le ciel qui, toujours radieux, fait éclore sur ses flancs tous les joyaux de la nature.

Type syrien

L'âme s'élève, transportée dans l'inconnu, comme doucement bercée par les accords de la harpe éolienne. Le regard se perd en d'extatiques rêveries!

Il est loin, le cloaque humain, où tout est haine et cupidité, de ces monts grandioses où tout est amour et prière!

Tout parle aux sens, à l'esprit.

L'histoire de la religion chrétienne qui s'affirma, ici, dans le sang des martyrs, s'y déroule en d'éblouissantes visions. On la lit tout entière à travers le prisme d'une foi qui s'incarne, fortifie, rend meilleur.

On se sent bon, on aime.

On aime ces fouillis parfumés qu'une brise légère caresse doucement; on aime ce rocher abrupte, géant qui vit mourir les siècles et dont la pierre brune s'élève altièrement. La vie n'est plus qu'un songe. Le songe est devenu une réalité.

L'infini attirant ne laisse à la pensée qu'un vague qui affole. La vie matérielle disparaît; l'horizon se dissipe : l'Idéal se révèle !...

Les maisons syriennes sont vastes, carrées; elles ont la toiture en plate-forme. Les appartements sont très aérés, percés de nombreuses ouvertures, sans cheminée, les murs blanchis à la chaux.

Le mobilier est des plus sommaires : pas de chaises, pas de table, pas de lit.

Comme nous l'avons déjà dit, on s'assied et on mange par terre.

Il en est de même pour dormir. On étend un matelas en laine ou en paille sur des nattes et on dort là très commodément.

Aux murs sont accrochés des tableaux représentant des sujets religieux et des armes.

Les maisons aisées ont, en plus, des divans, des coussins et des tapis.

Les riches possèdent tout ce que comporte le luxe et le confortable oriental : meubles incrustés, immenses coussins en soie, etc., peu de sièges et très bas; des divans surtout.

Le sentiment du respect des traditions, chez les Syriens, et la hiérarchie sociale n'ont jamais cessé d'être pratiqués, surtout dans la montagne.

Dans les villes, il n'est plus aussi vivace.

On doit attribuer la cause de cet oubli aux colonies d'Européens qui sont venues s'établir à Beyrouth, Damas, Tripoli, Jaffa, et d'autres centres. Les nombreuses relations qui se sont établies entre la Syrie et l'Europe, surtout depuis 1860, n'ont pas peu contribué à modifier les mœurs.

Dans les grandes villes de Damas et de Beyrouth, notamment, on a beaucoup oublié les anciens usages. Cependant les musulmans restent encore rebelles à notre civilisation. Leurs mœurs et leurs usages sont indiqués dans le Coran; le fanatisme religieux les empêche d'adopter les principes d'une civilisation qui n'est pas l'interprétation de leur foi religieuse.

Le verset 130 de la surate ou chapitre II du Coran dit :

« Nous croyons aux livres donnés à Moïse et à Jésus; aux livres accordés aux prophètes par le Seigneur. Nous ne mettons point de différence entre eux et nous et nous nous abandonnons à Dieu. »

Or, d'après l'interprétation que les musulmans font de ce verset, tout ce qui n'est pas dit par le prophète doit être rejeté. Cette appréciation est fausse et due à l'ignorance des masses. Mahomet, dans ses écrits, en ce qui concerne la vie usuelle, répondait aux besoins de

son époque et de sa religion ; mais Mahomet vivait au cinquième et
au commencement du sixième siècle et tout est bien changé depuis,
excepté les mœurs mahométanes. Toutefois, le progrès ou le mal,
selon le point de vue que l'on envisage, n'atteint pas les proportions
de la généralité.

La majeure partie des Syriens, dans la montagne, est très pauvre.
Il n'y a pas de commerce ou d'industrie de grande importance. Les
seuls travaux auxquels se livre la population sont la culture des champs
et l'élevage des vers à soie. Il existe bien quelques filatures, mais
elles ne sont pas de nature à donner un bien grand mouvement

On fait encore de l'orfèvrerie et des objets en filigramme qui sont
assez remarquables comme finesse de travail, des bijoux d'argent
aussi en filigramme, des étoffes de soie, etc.; mais tout cela en quantité
insuffisante pour faire croire à l'existence réelle de l'industrie dans le
Mont-Liban, c'est-à-dire dans la montagne.

Le revenu de chaque famille varie entre 800 et 1,500 piastres par
an, soit 200 à 250 francs. On comprend difficilement comment une
famille peut vivre avec des ressources aussi modiques. Elle vit
cependant, car la vie n'est pas chère dans ces contrées, où avec une
piastre on peut faire ce que nous faisons en France avec un franc; mais
on vit bien simplement et sans dépenses inutiles et dans une ignorance
pénible.

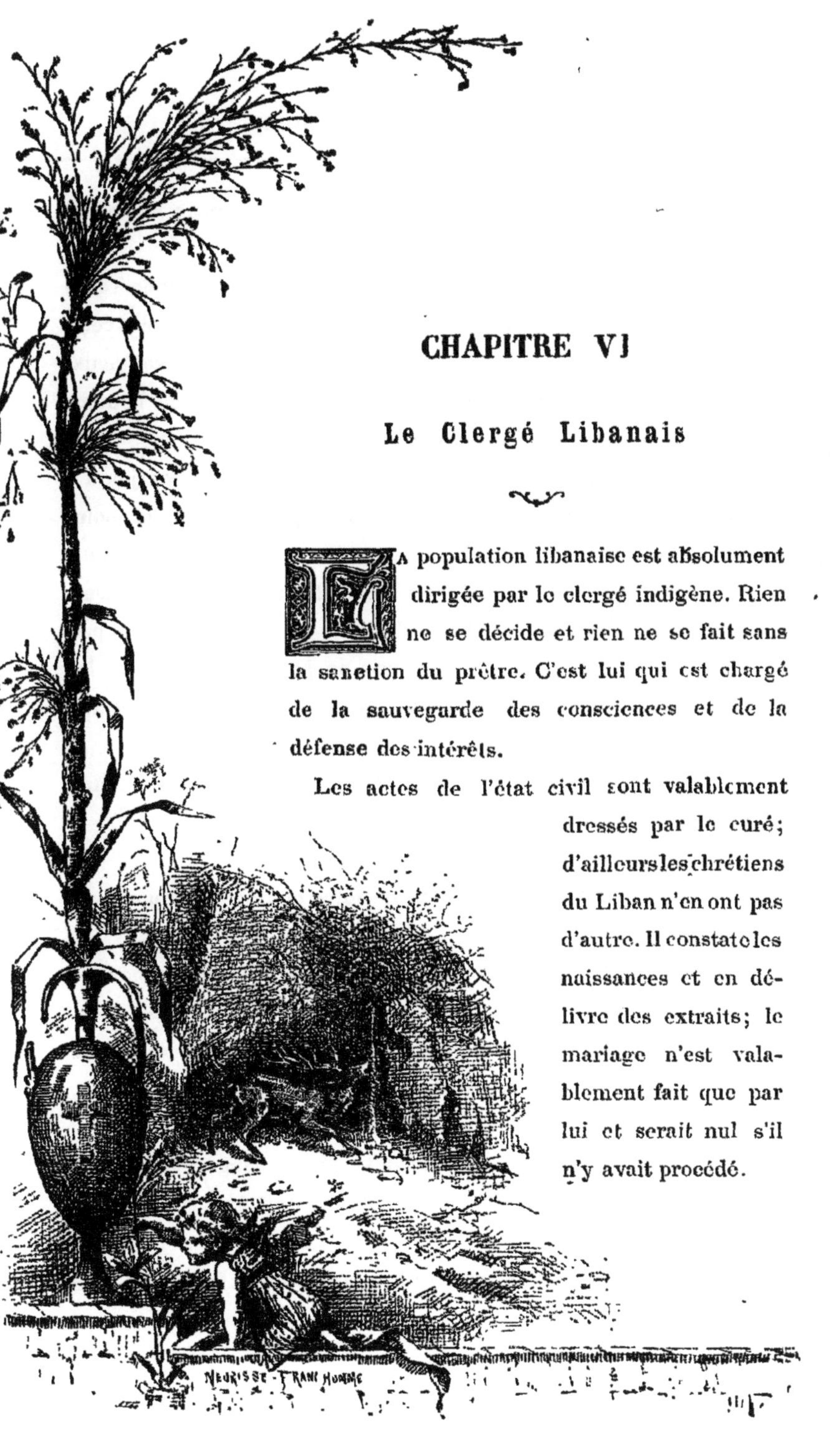

CHAPITRE VI

Le Clergé Libanais

A population libanaise est absolument dirigée par le clergé indigène. Rien ne se décide et rien ne se fait sans la sanction du prêtre. C'est lui qui est chargé de la sauvegarde des consciences et de la défense des intérêts.

Les actes de l'état civil sont valablement dressés par le curé; d'ailleurs les chrétiens du Liban n'en ont pas d'autre. Il constate les naissances et en délivre des extraits; le mariage n'est valablement fait que par lui et serait nul s'il n'y avait procédé.

Dans les questions d'héritage, de tutelle, etc., le prêtre intervient encore comme souverain juge.

Cela va fort bien ainsi; aussi le clergé jouit-il d'une grande vénération et son autorité n'est jamais discutée. Il est digne de cette confiance d'ailleurs. Le prêtre syrien est profondément religieux, même un peu fanatique. Malheureusement il n'est pas à la hauteur des charges multiples qui s'ajoutent à son sacerdoce.

En dehors de quelques exceptions, qui tendent tous les jours à devenir plus nombreuses, le clergé libanais possède peu ou point d'instruction. Cette ignorance le paralyse, il ne remplit les conditions de sa mission qu'avec une extrême difficulté, très imparfaitement.

La formation des prêtres est fort difficile; les séminaires sont peu nombreux, mal organisés; les évêques ne possèdent pas tous les ressources pour en créer de nouveaux et surtout pour faire face aux lourdes charges qu'ils imposent.

Dans de nombreux diocèses, les évêques choisissent quelques-uns de leurs meilleurs sujets pour en faire des professeurs.

Ceux-là sont chargés d'instruire les futurs prêtres.

Les études sont loin d'être aussi savantes que celles imposées à notre clergé.

On leur donne des notions, très superficielles, de la théologie morale; on leur apprend la langue syriaque ou grecque, le rite et c'est tout. L'étude des langues syriaque et grecque est des plus rapides; elle se borne à la connaissance des expressions que comportent les offices, laissant de côté les études grammaticales.

La théologie est apprise dans un ouvrage, en langue arabe, fait par un religieux, le Père Antoine. Cet auteur aurait écrit sa théologie d'après Jansénius.

Or, qu'était-ce Jansénius, sinon un interprétateur fantaisiste des doctrines de saint Augustin sur la grâce, le libre arbitre et la prédestination ? Sa théologie contient de nombreuses erreurs ; elle ne fut guère adoptée que par Pascal, l'anti-pape, et propagée par un célèbre docteur, le grand Arnauld, et les solitaires de Port-Royal. C'est de là que naquit la secte des jansénistes, dont on retrouve des adeptes jusqu'au siècle dernier et qui étaient les fameux convulsionnaires dont les manifestations scandaleuses eurent lieu, à Paris, sous Louis XV.

On voit quels efforts sont obligés de faire les prêtres qui puisent leurs connaissances théologiques à une pareille source pour ne pas tomber dans les erreurs. Il faut que leur foi soit bien grande, et elle l'est en effet.

Quant au latin, la langue indispensable pour apprendre l'histoire de la religion, les prêtres de la montagne n'en ont aucune notion. Il en est de même de la littérature et de la philosophie. On s'applique surtout à fortifier leur foi en l'Eglise et ses dogmes, tels que la tradition les a fait connaître depuis que les apôtres les ont prêchés. Ils ne raisonnent pas la foi et ils ne peuvent, en aucune façon, discuter ou répondre à des objections qui leur seraient faites sur les vérités. Ils croient !

Les examens pour la prêtrise sont passés par un vicaire général que délègue l'évêque.

On exige du candidat les connaissances nécessaires pour la célébration de la messe et de la liturgie dans la langue du rite auquel ils appartiennent.

Le besoin tempère la sévérité de l'examinateur ; dans certain rite même, l'examen pour l'admission à la prêtrise n'est qu'une formalité sans grande importance. Mais où l'on est d'un rigorisme intransigeant, surtout la nation maronite, c'est sur les vertus et la moralité du candidat.

7

Avant de l'admettre, une enquête des plus sévères est faite. Une surveillance de tous les instants a d'abord été exercée sur lui pendant les trois années qui précèdent son admission à l'examen. On fouille dans toute sa vie. Si on trouve une faute quelconque, même dans sa première jeunesse, surtout une de ces fautes dont les enfants se rendent si souvent coupables et que l'ignorance ne saurait excuser, il n'est pas jugé digne du sacerdoce.

Quant à la vocation, elle apparait indiscutable, car la vie du prêtre, dans la montagne du Liban, n'est faite que de misères et de sacrifices et il faut, pour l'accepter, un courage bien grand.

Il est étonnant de constater combien la force de la foi donne d'autorité et de prestige aux prêtres syriens.

Comme les apôtres ils ne discutent pas; mais ils trouvent toujours des arguments qui semblent être l'écho d'une inspiration divine. Ce n'est pas de la théologie apprise dans les livres; ce sont des appréciations personnelles capables de déconcerter les plus savants docteurs.

Nous avons souvent eu l'occasion de parler des choses religieuses avec des évêques et des prêtres syriens, leur naïveté est désarmante; ils ne répondent pas ; ils parlent de Dieu en disciples et des choses en prophètes.

Les bibliothèques ne sont guère composées que de théologies morales, de livres liturgiques et de catéchismes.

Cependant cette situation précaire s'améliore, grâce aux libéralités de la France; et si, dans la montagne, on rencontre beaucoup de prêtres ignorants, les villes possèdent à peu près les moyens de les instruire.

Il existe plusieurs collèges dans lesquels notre pays entretient des élèves à ses frais, et on peut espérer que si le clergé syrien n'arrive pas à posséder l'érudition du nôtre, il pourra toujours progresser et sortir de son ignorance.

Déjà on compte quelques célébrités dans ses rangs. La propagande à Rome, le collège des Pères Jésuites, à Beyrouth, celui des Lazaristes, à Gazir, etc., où les élèves vont compléter les études, en donnera certainement d'autres.

C'est dans la montagne qu'il faudra étendre les bienfaits de l'instruction, mais malheureusement ce n'est pas là-bas comme en France et l'instruction n'est pas à la portée du pauvre.

Le gouvernement ottoman ne donne aucune rétribution au clergé.

Les archevêques et les évêques ne sont, en aucune façon, obligés de subvenir aux besoins de leur clergé. Souvent pauvres eux-mêmes, ils laissent leurs prêtres s'arranger comme ils peuvent pour vivre.

Aussi la misère est-elle pitoyable. Le casuel se compose presque exclusivement des libéralités des paroissiens.

Et quelles libéralités ! Après la récolte des vers à soie, chaque fidèle, envoie à son curé 50 ou 100 grammes de cocons, ce qui représente quelques francs ; il envoie aussi du blé, des céréales, de la volaille mais tout cela en si petite quantité, qu'il n'y a certainement pas de quoi vivre.

De l'argent, peu ou pas.

Le curé se constitue, de cette façon, un revenu qui atteint quelquefois 200 francs quand les récoltes ont été bonnes ; sur ce maigre budget, il doit encore prélever la part du pauvre.

Les œuvres d'Orient et la charité française envoient bien de l'argent, mais les prêtres sont nombreux là-bas, et la division que l'on est obligé de faire de ces secours est si grande, que la part de chacun est excessivement réduite.

Cependant les prêtres se contentent de cette pauvreté et s'en arrangent fort bien par la raison, déjà indiquée, que la vie est dans ces contrées cinq fois moins chère qu'en France.

Les églises rappellent l'étable de Bethléem : pauvreté de construction, pauvreté d'ornements, c'est nu et triste.

La majeure partie des églises des villages ont été élevées par les habitants sous la direction du curé.

Tout le monde y a travaillé : hommes, femmes et enfants; chacun a apporté sa pierre et rempli le rôle de maçon et d'architecte. Le bois a été fourni par la forêt, la pierre par les rochers, le sable et le mortier par la terre.

Ces constructions ressemblent assez aux petites maisons que l'on rencontre dans les campagnes du Midi de la France, bâties en superposant les pierres que l'on soude les unes aux autres au moyen de terre mouillée. On s'en sert comme rendez-vous de chasse ou abri, mais on ne les habite pas.

De clocher il n'y en a point, quand la paroisse est assez riche pour posséder une cloche, on la suspend à l'arbre le plus voisin de l'église.

Le mobilier comprend l'autel sur lequel s'étagent des ornements dissemblables et criards, dus à l'ingéniosité et à la générosité des fidèles, et des images appendues aux murs.

Les frais de culte sont couverts par le curé ou au moyen de la vente des feuilles de quelques mûriers, gracieusement offerts par une âme généreuse. Ces frais ne vont pas au-delà de l'achat de bougies pour les différentes cérémonies.

Cette simplicité, dont on ne se fait que difficilement une idée, ne manque pas d'une certaine majesté mystique.

Les églises sont bâties sur le point culminant des villages qu'elles desservent. Grandioses dans leur rusticité, elles semblent représenter l'Idée dominant la matière qui gravite à ses pieds.

Tous les prêtres portent la barbe par obligation; cet ornement a pour eux le caractère de leur dignité; il est aussi l'insigne de la vénérabilité.

La punition la plus grande, la plus infamante que l'on pourrait infliger à un prêtre, consisterait à lui couper la barbe, mais on ne recourt à cette mesure que dans les cas d'une gravité exceptionnelle.

On ne se souvient pas, dans le Liban, qu'un prêtre ait encouru cette punition.

Il n'y a pas bien longtemps encore, les prêtres pouvaient se marier avant d'entrer dans les ordres. Nous en connaissons qui ont des enfants et des petits-enfants. Aujourd'hui, ils restent célibataires.

Dès qu'un prêtre a été ordonné, il est pourvu d'une cure ou, pour dire plus vrai, d'un poste, car la cure n'existe pas toujours; dans ce cas, le titulaire est obligé de la constituer. On peut prévoir quels sont les embarras du jeune prêtre, n'ayant pour tout bagage que son courage et sa foi, jeté au milieu d'une population aussi pauvre que lui dans laquelle il doit remplir le rôle de la Providence. Il s'arrange tant bien que mal, plutôt mal, mais enfin il s'arrange et, les mœurs aidant, cela marche ainsi.

Le vêtement du prêtre est fait d'une longue robe toute droite, fort large, ouverte par devant, sans bouton, dans laquelle il s'enveloppe. Il s'entoure la taille d'une large écharpe noire qui lui sert de ceinture; il porte le fez noir ou s'enroule la tête d'une autre écharpe en forme de turban. Les bas sont un luxe, il n'en porte pas toujours.

La robe des prélats a la même forme, mais elle est de couleurs variées, le plus souvent rouge ou violette, et en étoffe de soie. Ils portent par dessus une toge drapée avec de larges manches. Ils ont une triple coiffure : une sorte de toque demi-sphérique sous laquelle est placé un capuchon. Ce capuchon est le signe distinctif de l'épiscopat, il forme derrière la tête un voile dont l'extrémité est dissimulée dans le col; une petite calotte blanche en coton ou en soie est placée sous le capuchon.

Les différents dignitaires de l'Eglise libanaise, au dessous de l'épiscopat, tels que les chorévêques, grands-prêtres, archimandrites, etc., portent aussi la croix pastorale et l'anneau. Ils peuvent officier comme les évêques en se servant de la crosse et de la mitre, avec l'autorisation de leur ordinaire.

Les différentes cérémonies religieuses et les ornements varient selon les rites.

Les maronites, par exemple, se servent d'ornements identiques à ceux des prêtres romains, mais ils n'officient pas de la même manière.

La messe est dite en syriaque, excepté l'évangile qui est lu en langue arabe. Durant l'office, le prêtre et le servant, le servant surtout, chantent sans discontinuité, sur un rythme monotone, toutes les prières.

Au moment de l'élévation, le prêtre se tourne vers les assistants et élève au-dessus de leur tête l'hostie et le calice.

Le missel n'est jamais changé de place.

Le servant tient à la main l'encensoir avec lequel le prêtre donne toutes les bénédictions.

Lorsque l'officiant est un évêque, à l'élévation le servant vient baisser le capuchon qui lui couvre la tête et retirer la petite calotte blanche qui est en dessous.

Les grandes solennités sont très compliquées ; les cérémonies s'y multiplient très majestueuses :

L'officiant est assisté du diacre et du sous-diacre et, quand on le peut, du plus grand nombre de prêtres possible. Tous chantent l'office en syriaque ; leurs chants sont accompagnés du tamtam, sorte de tambour de basque qui rend un son guttural, des cymbales et des clochettes. Avec ces instruments qui ne sont rien moins qu'harmonieux, on imite la tempête, le bruit éclatant de la foudre, ou les transports bruyants d'une grande joie.

Les offices sont célébrés avec une onction extraordinaire, les prêtres y mettent toute leur âme ; j'en ai vu qui pleuraient à chaudes larmes en célébrant la messe.

Les maronites communient sous une seule espèce.

Les cérémonies faites par les grecs catholiques, dans la célébration d'une messe solennelle, sont encore plus nombreuses et comportent plus d'accessoires.

Les ornements n'ont plus la même genre de coupe que les ornements romains. La chasuble ne présente pas deux corps, on lui a conservé la forme primitive. Elle est en une seule pièce avec une ouverture formant col dans le milieu. Portée, elle présente une pointe au dos et forme une draperie sur les bras.

Tous les autres ornements ressemblent aux ornements dont les anciennes statues de saints sont revêtues.

Les évêques remplacent la mitre par une couronne royale, surmontée de la petite croix en or ou en pierres précieuses qu'ils appellent volontiers la tiare. Leur crosse n'a pas la même forme que celle de la crosse ordinaire, elle présente une croix dont les bras sont recourbés en bec de corbin et n'a point de partie supérieure.

Ils officient en langue grecque et communient sous les deux espèces.

. Pour la célébration d'une grande messe, les officiants sont toujours très nombreux et les chantres plus nombreux encore.

On chante aussi pendant tout le cours de l'office, mais beaucoup plus fort que chez les maronites. Les mêmes instruments, tamtam, cymbales, clochettes, remplacent l'orgue.

Une partie de l'office se dit hors de la vue des fidèles. L'officiant est caché par un rideau que l'on retire à un moment donné.

La consécration a un caractère très particulier et très expressif.

Les signes de croix que le prêtre multiplie sur le calice à ce moment ne sont pas faits. Un des assistants, vêtu d'une robe très riche (nous en avons vu un vêtu d'une robe en drap d'argent ornée de pierreries), portant au cou une écharpe flottante, s'avance très majestueusement, à pas comptés, vers l'officiant, et, pendant que ce dernier dit les paroles sacrées, il fait voltiger sur le calice une colombe en bois fixée au bout d'un bâton.

Cette colombe figure l'Esprit-Saint.

Les grecs catholiques ne donnent pas la bénédiction par l'élévation du saint-sacrement au-dessus des assistants ; ils se servent de deux candélabres : l'un à deux bougies, l'autre à trois bougies représentant la Trinité. L'officiant élève ces deux candélabres et les croise ensuite sur sa poitrine.

Ils font le signe de la croix en portant la main au front, à la poitrine et sur l'épaule droite, et ne s'agenouillent pas.

Nous ne saurions parler du clergé syrien sans parler des cérémonies auxquelles donnent lieu les ordinations des chefs de leurs églises. Ces cérémonies sont des plus intéressantes.

Élection d'un patriarche :

La mort du patriarche est la cause d'un deuil national.

Les archevêques, les évêques, le clergé tout entier et la population en reçoivent l'avis et sont invités à assister à la cérémonie des funérailles. Le corps reste exposé pendant plusieurs jours au cours desquels l'office des morts est récité à tour de rôle par les prélats et les prêtres.

Les obsèques sont célébrées avec une pompe extraordinaire.

Une foule considérable, où sont représentés tous les districts, villes, villages et hameaux, sous la juridiction spirituelle du rite auquel appartient le patriarche, suit le cortège.

Immédiatement après la mise en tombe, les évêques se réunissent en concile. On admet dans le sein du concile trois prêtres, dont deux servent de secrétaires et un de portier ; et deux laïques qui remplissent aussi les fonctions de portier.

Les travaux ont lieu dans l'église patriarcale, ils sont précédés d'un sermon auquel assistent les fidèles.

Ce sermon, dit par un des évêques, a pour but d'exhorter les membres du concile à implorer les lumières du Ciel, pour choisir le nouveau patriarche.

L'archevêque, président, dit aussi la messe à cette intention.

Après la messe, on fait évacuer l'église, et on place devant la porte les trois portiers. L'évangile est posé ouvert sur l'autel dont tous les cierges ont été allumés. Le président et deux assesseurs prennent place autour d'une table qui a été mise devant l'autel. Les deux prêtres-secrétaires ne prennent pas part au vote et font serment de garder le secret le plus absolu sur les opérations du concile.

Les autres membres prennent place sur des sièges qui ont été disposés dans le sanctuaire.

Chaque membre vote deux fois en inscrivant le nom de son candidat sur un bulletin ; ces bulletins sont recueillis dans un calice.

Pour que l'élection soit valable, le candidat doit réunir les deux tiers des suffrages exprimés. Si le résultat du vote ne remplit pas cette condition, il est nul et on recommence.

Le second tour de scrutin n'a lieu que le lendemain. Pendant le laps de temps qui s'écoule, chaque membre du concile se retire dans son appartement et y demeure seul, en prières.

Les travaux repris continuent, en observant toujours les mêmes formalités, jusqu'à ce que le patriarche soit élu.

Quand l'élection a donné un résultat, le président le proclame en ces termes :

« Très vénérés frères, après avoir examiné les suffrages, nous avons trouvé que le concile a choisi le Très Vénéré Seigneur N... pour être notre père et notre patriarche.

« C'est pourquoi, moi N..., au nom du concile, en vertu des pouvoirs que j'en ai reçu de vous tous, je déclare et je publie que le Très Vénéré N... est choisi pour être le père et le patriarche de nous tous et de la nation. »

Après cette déclaration, les membres du concile s'avancent à pas lents vers le nouvel élu, s'agenouillent devant lui et disent :

« Le Saint-Esprit vous a choisi pour être le patriarche de la nation et notre père à tous ».

Le patriarche répond simplement : « Je consens et j'obéis ».

Il monte sur un trône qui a été élevé ; revêtu de la chape, la mitre sur la tête, tenant la crosse ; tous viennent lui baiser la main.

Le président, escorté des prélats, se dirige vers la porte de l'église qui est ouverte à son approche ; il annonce au peuple, qui attend, le résultat de l'élection. On entonne aussitôt des chants d'allégresse, la foule est admise à baiser les mains et les pieds du nouveau patriarche. Quand le défilé est terminé, celui-ci se lève et donne l'absolution générale au peuple agenouillé.

La cérémonie de l'ordination n'a lieu que le lendemain ou le surlendemain.

Au jour désigné, tout le clergé se réunit à l'église avant le lever du soleil; le patriarche est là. On chante des prières, puis l'archevêque, chargé de l'ordination, s'adressant à lui, répète les paroles qu'il lui a déjà dites lors de l'élection :

« Le Saint-Esprit vous a choisi pour être le patriarche de la nation et le père de nous tous. »

Le patriarche qui s'est agenouillé répond de même :

« J'obéis et j'accomplis les commandements apostoliques et les décrets du saint concile. »

Il revêt la chape et on commence la messe.

Après la communion, on lui retire la chape; il reste debout devant l'autel. Les évêques l'entourent, l'archevêque ordinant lui impose les mains en récitant des prières que les assistants suivent. Chaque évêque touche la crosse qui lui est remise, puis posent leurs mains sur les siennes.

Après la lecture de l'épitre et de l'évangile, on remet au patriarche le serment qu'il doit prêter et qu'il a écrit lui-même. Il va se placer à gauche de l'autel et on donne lecture à haute voix. Après cette lecture et une présentation, tous les prélats font l'imposition des mains.

Des prières sont récitées, l'archevêque fait trois fois le signe de la croix sur le front de l'élu avec la croix pectorale en prononçant ces paroles :

« N... est consacré patriarche dans l'Église de Dieu. »

On revêt le patriarche des ornements pontificaux, il s'assied dans un fauteuil et les évêques le soulèvent trois fois.

On lui donne la crosse que tous les évêques touchent en disant :

« Le seigneur de Sion envoie la verge de la force afin que vous dominiez tous nos ennemis. »

Le patriarche est sacré, il embrasse tous les assistants et donne la communion.

La messe s'achève; la cérémonie est terminée.

Les archevêques et évêques sont sacrés par le patriarche. Le choix de ces dignitaires est fait par les membres du clergé et les principaux laïques de la nation. Le patriarche se réserve le droit d'accepter ou de refuser le candidat qui lui est présenté.

L'ordination des évêques présente aussi quelques particularités qui ne sont pas dénuées d'intérêt :

La première partie de la cérémonie a lieu derrière l'autel; le patriarche y attend celui qu'il va sacrer. Deux évêques conduisent l'ordinant au chef de l'église. Arrivé là, il s'incline et dit : « Bénissez-moi, Seigneur ».

On lui met le capuchon, insigne de la dignité épiscopale. On le revêt de l'aube, du cordon de l'amict, de l'étole, de deux manipules et de la chape.

Il s'agenouille devant le patriarche :

— Le Saint-Esprit vous appelle pour être l'évêque de la ville de..., dit celui-ci.

Le candidat répond :

— J'obéis et j'accomplis les commandements du saint concile.

Après trois signes de croix que le patriarche fait sur le front du nouvel évêque, ils se rendent ensemble à l'autel où ils commencent la messe. La consécration a lieu après la communion.

On fait processionnellement trois fois le tour de l'église, un évêque porte les saintes huiles, un autre l'évangile et l'ordinant une croix dans chaque main.

Après l'onction, qui a lieu à l'issue de la procession, on lave la tête et les mains du consacré. Le consacrant lui fait trois nouveaux signes de croix sur le front en disant ces paroles : « N... est ordonné évêque dans l'Église de Dieu ; et le montrant à la foule, il s'écrie : Gloire et honneur! »

L'évêque est ordonné. On l'élève trois fois au-dessus du sol et on lui remet le bâton pastoral.

Ces sortes de cérémonies ne sont pas les mêmes dans tous les rites, mais celles que nous venons de décrire donnent bien une idée générale.

Les Églises chrétiennes d'Orient, tout en reconnaissant la suprématie de Rome, ne lui demandent pas, préalablement, d'agréer leurs candidats à la dignité patriarcale ou à la dignité épiscopale.

Certains auteurs ont prétendu que les nominations étaient soumises à cette formalité; c'est une erreur. Le Saint-Siège n'intervient pas et ne désire pas intervenir. D'ailleurs la lettre sur les Églises d'Orient écrite en décembre 1894, démontre jusqu'à quel point il entend respecter l'autonomie de ces Églises et leurs traditions.

Le pape est informé des nominations après qu'elles ont été faites ; il envoie alors le pallium et le nouveau dignitaire prend possession de ses pouvoirs.

L'autorité patriarcale est souveraine. Le patriarche est pape dans son église. Comme on vient de le lire, il choisit les membres de son épiscopat et les investit directement de la dignité afférente à leur grade. Il reçoit les serments d'obéissance à l'Église et à lui, patriarche et chef suprême.

Il est seul juge dans tous les différends qui peuvent surgir entre les membres de son clergé et même entre ces derniers et des laïques. Il réunit un concile, condamne ou absout. Il accorde toutes les dispenses, édicte des règlements disciplinaires qui obligent son clergé. Il règle la liturgie et le cérémonial, etc.

Les évêques ont tous les droits dans leur diocèse respectif. Généralement ils se font aider par des collaborateurs auxquels ils confèrent des dignités. Ces collaborateurs exercent, dans les localités où ils résident, les droits et les fonctions de leurs évêques, ils en prennent même le costume dans les cérémonies religieuses. Nous en avons vu officiant pontificalement avec la mitre, la crosse, la croix pectorale et l'anneau.

Ces dignités étant conférées par l'imposition des mains sont inamovibles.

CHAPITRE VII

Littérature, Dialecte

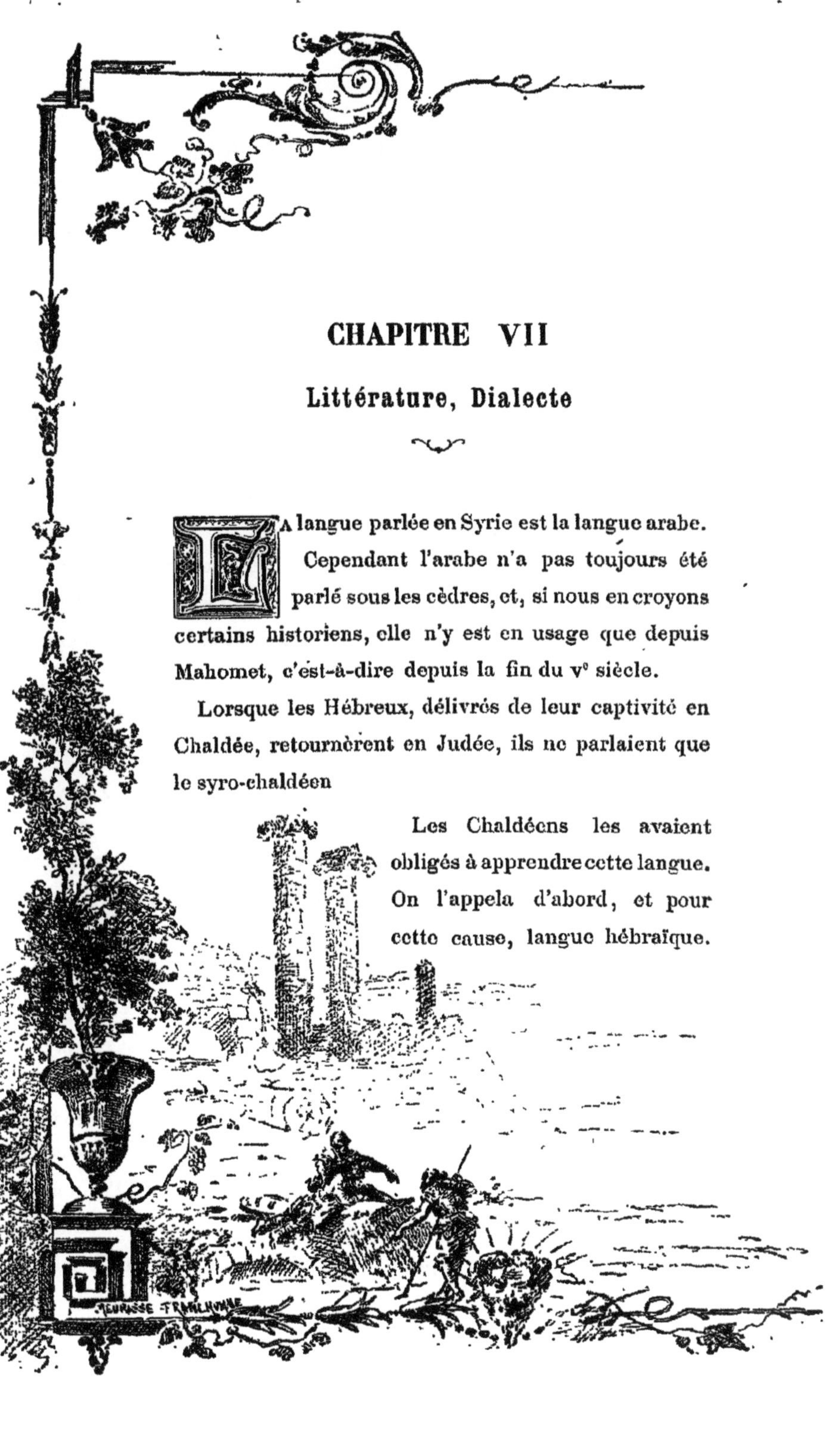

A langue parlée en Syrie est la langue arabe. Cependant l'arabe n'a pas toujours été parlé sous les cèdres, et, si nous en croyons certains historiens, elle n'y est en usage que depuis Mahomet, c'est-à-dire depuis la fin du v° siècle.

Lorsque les Hébreux, délivrés de leur captivité en Chaldée, retournèrent en Judée, ils ne parlaient que le syro-chaldéen

Les Chaldéens les avaient obligés à apprendre cette langue. On l'appela d'abord, et pour cette cause, langue hébraïque.

Cette assertion, dont le contrôle est assez difficile, est avancée par Assemani, Cornélius et Lapide. Ces auteurs disent aussi que l'on ne se servait que des caractères hébraïques pour écrire.

L'Église syriaque ayant gouverné le pays pendant quatre siècles, la vérité de ces dires semblerait confirmée.

Une autre preuve résulterait de ce que l'Église maronite n'emploie que la langue syriaque. Or, la nation maronite a été fondée dans les premières années du cinquième siècle, à l'époque même où Nestorius venait de jeter un si grand trouble dans la chrétienté. Ces faits concordent assez entre eux pour en déduire que l'Église fondée par Maron après sa victoire sur Nestorius, n'était que la reconstitution de l'Église syriaque, que les hérétiques avaient désorganisée un demi-siècle avant.

Les apôtres qui vécurent dans le pays, aux premiers siècles, ne parlaient que l'hébreu. Ils n'eussent pas parlé cette langue si elle n'avait été en usage. Jésus qui naquit et mourut en Syrie, et qui y prêcha ses enseignements, ne parlait-il pas le syriaque?

Saint Matthieu, dans son évangile (XXVII, 46), rapporte les dernières paroles prononcées par le Christ sur la croix : « Eli, Eli, lamma sabactani ». Ces paroles sont du plus pur syriaque.

L'histoire de la religion, celles de la philosophie et des sciences d'avant le VIe siècle, sont écrites en cette langue.

La langue arabe importée en Palestine et en Phénicie, a remplacé le syriaque par la succession des générations.

Dans quelques villages éloignés de la montagne, on parle encore un dialecte qui semble être du syriaque corrompu mélangé d'arabe.

Dans les écoles, on apprend l'arabe et le français, aussi l'italien.

Comme toutes les littératures orientales, la littérature libanaise est très imagée, riche en expressions poétiques. La chaleur du soleil, les splendeurs de la nature, la pureté des mœurs exercent sur les esprits une influence qui déborde dans les écrits comme une cascade de fleurs et de perles.

Le caractère particulier de la littérature libanaise, l'idée qui prédomine, c'est la divinité, l'esprit en est sentencieux et prophétique. On y trouve des rêveries inconnues à nos natures imbues de matérialisme; des comparaisons qui jaillissent, étincelantes, dans l'expression de la pensée comme un trait lumineux.

On retrouve dans les trop peu nombreuses œuvres qui existent encore les brillantes couleurs métaphoriques des saintes Écritures, les chaleurs de la pensée, les vibrations de l'âme.

Il reste peu d'œuvres littéraires libanaises. Les tremblements de terre qui désolèrent Beyrouth au ve et au viie siècle, ont détruit les plus belles.

Les guerres religieuses au cours desquelles on incendiait les villes et les villages, n'ont pas permis de conserver ce que les tremblements de terre avaient épargnés.

Les écoles de Beyrouth, Césarée, Jérusalem, etc., que fondèrent les apôtres, ont donné les auteurs qui ont nom : saint Jean Maron, saint Jean Damascène, qui écrivit de remarquables ouvrages sur la religion chrétienne dans le Liban et la Palestine; saint Jean Chrysostôme et d'autres.

Le célèbre collège de Nésibe forma aussi quelques grands écrivains, entr'autres Saint-Ephrem et Bar-Hebren.

Ces écoles fleurirent jusqu'à l'époque des Croisés, mais furent détruites lorsque ces derniers eurent quitté la Syrie.

Plus tard, les chrétiens parvinrent à en créer d'autres qui furent aussi fécondes en résultats et fournirent plusieurs grands auteurs tels que Sionite, qui écrivit de remarquables œuvres en syriaque et en arabe, en collaboration avec Abraham Echelensit.

Viennent ensuite Etienne Aldouah, auteur du catalogue liturgique Fauste Nairon, les Assemani et quelques autres, parmi lesquels il est juste de comprendre Paul Massad le patriarche.

Ces auteurs n'ont guère enrichi la littérature libanaise que d'œuvres concernant l'histoire religieuse. Ceux qui ont produit les plus importantes sont les Assemani, Louis, Joseph et Simon.

Les œuvres de ce dernier n'ont pas été entièrement publiées.

Une tentative de poussée littéraire, qui n'eut pas de succès, eut lieu au xviii° siècle, à l'instigation de Pierre Talaoui qui voulait faire revivre les sciences. Quelques élèves qu'il avait faits ne parvinrent pas à produire une œuvre remarquable et le mouvement littéraire est resté paralysé.

Actuellement, et depuis environ trente ans qu'un calme relatif règne dans le Mont-Liban, le mouvement s'accentue.

La montagne reste en retard par un vice d'organisation que nous n'approfondirons pas, et il est pitoyable de voir l'ignorance qui règne encore, aussi bien dans la noblesse qui en a perdu ses droits et ses privilèges, que dans le clergé, la bourgeoisie et le peuple.

On doit cependant prévoir un avenir à la littérature libanaise comme à tout ce qui touche à sa civilisation.

Ce n'est pas sans un légitime orgueil que nous constatons que les Syriens devront à la France, à la République, les progrès civilisateurs, leurs libertés, dont furent si fiers leurs ancêtres qui les devaient à la France de saint Louis. De nombreux collèges rayonnent maintenant au Liban et y apportent la lumière.

Les Pères Jésuites y dirigent d'importantes maisons d'où sortent des sujets remarquables et des professeurs, à Ghasir et à Beyrouth, et des écoles primaires en divers endroits.

Les Lazaristes y dirigent un collège à Anthoura, qui appartient à la France et qui réunit toutes les conditions de l'enseignement.

Les religieuses de Saint-Vincent-de-Paul, du Sacré-Cœur, les Mariamittes, etc., sont chargées de l'instruction des jeunes filles.

Et les intelligences se développent, la rusticité des natures se raffine, les initiatives commencent à surgir, les mœurs se modifient.

L'intelligence des Syriens, vive et subtile, se développe extraordinairement, et si la poussée monte vers la montagne, les industries, les arts et les sciences comprendront, dans un temps peu éloigné, un foyer de plus.

Le dernier auteur libanais a été le cardinal Assemani ; on ne voit pas encore qui lui succèdera. Il est probable que les efforts des religieux, secondés par ceux des patriarches des différentes nations qui tiennent à honneur de rendre à la Syrie son ancienne splendeur intellectuelle, seront couronnés de succès.

Un des distingués élèves des Pères Jésuites nous écrivait, dans son style imagé, au sujet des progrès littéraires, une lettre qui semble résumer les aspirations de tous les Syriens.

« L'aiguille de la destinée, conduite par la France, vient de marquer l'heure du réveil intellectuel sur le cadran de notre poétique pays !

« Un zéphyr littéraire vient de secouer nos vieux cèdres dont la cime monte toujours vers le ciel, et leurs rameaux couverts de nouveaux bourgeons vont s'étendre sur la terre que Dieu a prédestinée... »

Voici une page de la littérature syrienne, elle est extraite d'un recueil de chefs-d'œuvre ; nous l'avons reconstituée.

Quoique n'exprimant pas absolument les beautés du texte primitif, elle en donne une idée assez exacte.

L'auteur s'adresse à ses contemporains comme inspiré par un souffle prophétique :

« Hommes ! on ne vous ignore pas et vous n'êtes pas oubliés !

« Rappelez-vous donc qu'au jour présent succède un lendemain dont l'inconnu doit remplir vos âmes d'effroi. Rassemblez toutes vos forces; le jour finit avec cette vie, le lendemain vous jette dans l'autre. Approvisionnez-vous donc pour effectuer le voyage.

« Vous n'aurez point d'excuses, et en auriez-vous, qui les justifie-rait? J'ai éclairé de mes lumières la voie que vous deviez suivre. J'ai reçu vos engagements de fidélité. Ah! sachez-le bien, le Créateur sait tout, vos dissimulations seraient vaines. Sa puissance fera revivre les os ensevelis!

« La vie en ce monde n'est qu'un stage, une préparation pour la vie dans l'autre; elle n'est qu'un pont, ce pont est accessible à tous; heureux celui qui le traverse, il est sauvé; malheur à celui qui reste en arrière, il est perdu sans recours.

« Prenez garde à la vie temporelle et à ses séductions; prenez garde! Elle a préparé le piège, elle y a placé l'appât; celui qui le ramasse est pris, il tombe.

« La modestie est l'habit du sage, il faut vous en vêtir; l'orgueil est l'habit de l'imprudent et du fou, ne le portez jamais.

« Croyez!

« Ceux qui nient la foi se trompent.

« Ceux qui font la guerre à ses principes se briseront. La lumière ne vacillera pas sous le souffle de la tempête.

« Qu'êtes-vous venu faire en ce monde? Qu'y attendez-vous? La mort! N'êtes-vous point effrayés de ce que vous pourrez trouver après elle?

Jeune Libanais

« Les sciences sont humaines et conduisent à la Foi ; l'ignorance est méprisable et conduit au néant.

« Malheur aux peuples qui perdent leurs hommes de science et ne les remplacent pas, ils seront les plus malheureux parmi ceux que le ciel ombrage.

« Mes frères ! sachez que celui qui fait du bien ici-bas sera loué, celui qui fait du mal est un homme mort. — Le paresseux se repentira.

« Celui, qui se laisse aller se mordra les doigts. — Celui qui s'écarte de la voie pleurera.

« Soyez certain que cette vie n'est qu'une vision, donc prenez vos précautions avant qu'il soit tard.

« Attention ! vous, qui passez outre les commandements de votre Créateur.

« Vous, qui le contrariaient sans penser qu'il lui est facile de vous prendre votre vie.

« Vous, aux cœurs de qui les prêcheurs frappent chaque jour et qu'ils trouvent durs et plus fermés que jamais. — Ouvrez bien vos yeux ignorants ! Comment ! est-ce que vous vous attendez à une éternité dans cette vie mouvementée ?

« Avez-vous préparé vos réponses à toutes les questions ?

« Savez-vous qu'il faut rendre compte de tous vos faits ? — Pourquoi vous perdez ce peu de temps si précieux ?

« Pourquoi vous détournez-vous de celui qui veut vous corriger ?

« Pourquoi retardez-vous votre promesse de vous repentir ?

« Pourquoi vous éloignez-vous quand il s'agit de faire le bien, et vous ne reculez pas devant une mauvaise action ? — Ne craignez-vous pas le jour du jugement ?

« Vous voilà en plein champ de bataille ; avez-vous réservé un peu de courage ?

« Vous êtes à la veille d'un long voyage, où sont vos provisions ? — Voilà la mort qui entre-bâille votre porte, êtes-vous préparés ? »

« Les peuples s'élèvent par l'instruction ; qu'ils fécondent leurs esprits, ils deviendront grands. Ils ne comprennent que deux races : celle qui sait et qui dirige ; celle qui veut apprendre pour parvenir à la première. Le reste n'est qu'un grain pourri, vivant au milieu d'un désert nébuleux.

« J'ai entendu Ali-ben-ul Haussayn prêcher aux hommes, sa voix vibre encore dans mon cœur. Il leur disait :

« O âmes, jusques à quand durera votre confiance en cette vie ; jusques à quand durera votre inclination pour les plaisirs de ce monde et de ses somptuosités ! Jusques à quand !

« Oubliez-vous vos ancêtres devenus poussière ! Oubliez-vous vos amis couchés sous la terre où vous marchez ! Oubliez-vous les frères dont vous pleurez la mort ! Oubliez-vous l'exemple de ce néant !

« Et vous vous attachez à cette vie, et vous voulez la garder comme l'avare garde son trésor.

« Vous dormez, confiants, au milieu des dangers, et vous vous réveillez sans soucis ; savez-vous à quoi vous vous exposez ?

« Regardez : la mort a pris même les rois, où sont leurs traces ; dans quel souvenir sont leurs images. »

CHAPITRE VIII

Les Massacres de 1860

Notre esquisse rapide du Mont-Liban serait encore incomplète si nous ne parlions de l'un de ces événements terribles qui ont si souvent ensanglanté son sol.

Les massacres de 1860, qui sont les plus récents et ont été la cause d'une transformation gouvernementale, alimenteront notre récit.

Nous négligerons les considérations politiques qui sont le

fond des compétitions. Cela nous obligerait à des détails et à des commentaires auxquels nous désirons rester étrangers :

En 1860, un Maronite de Beit-Méry descendait la montagne en longeant un de ces sentiers fleuris et parfumés qui en sillonnent les flancs. Un Druse la montait par le même sentier, poussant devant lui son âne chargé. Lorsque la rencontre se produisit, l'âne interceptait la route ; une discussion s'engage entre les deux hommes :

— Retire ton âne de mon chemin et me laisse passer, dit le Maronite.

— Passe au large, répond le Druse, le chemin est à tout le monde, mais surtout à celui qui le premier l'occupe ; je ne dérangerai pas mon âne et ne te céderai pas.

La discussion s'envenime, on se menace, de la menace on passe aux injures et des injures aux coups.

Le Maronite levant son bâton en fit pleuvoir les coups dru sur le dos de l'animal qui n'en pouvait mais ; de l'animal il tomba sur le maître qui fut fort malmené et continua son chemin. Le Druse tira une vengeance terrible de cette agression :

Le lendemain, les Druses incendiaient Beit-Méry.

Les chrétiens, prenant fait et cause pour le leur, s'adressèrent au kaimakam dans le but obtenir justice contre les Druses ; mais le kaimakam y mit toute la mauvaise volonté possible, il invoqua tous les prétextes pour se soustraire à l'obligation de sa charge.

Enfin justice fut rendue malgré tout, et les coupables furent condamnés à reconstruire les maisons incendiées et à payer une indemnité aux victimes de leurs exploits.

Naturellement, ils ne firent rien reconstruire du tout et ne payèrent pas davantage, sûrs que l'on ne les y obligerait pas.

Les choses en restèrent là, mais les haines réveillées devaient bientôt faire explosion.

Quelque temps après, un ingénieur, chargé de la direction des travaux de construction de la route carrossable allant de Beyrouth à Damas, que faisait construire une compagnie française, faisait la paye de ses ouvriers. Un druse réclama quelques piastres qu'il prétendait lui être dues.

Comme cette réclamation n'était pas fondée, on refusa d'y acquiescer. Furieux, le druse, qui n'attendait probablement que ce prétexte, prit son fusil et le déchargea sur l'ingénieur; le coup mal dirigé ou peut-être trop bien visé, alla frapper en pleine poitrine un maronite qui travaillait à quelques pas de là et le tua net.

Après avoir accompli cet acte de sauvagerie, il s'enfuit.

Le bruit de cet événement se répandit aussitôt dans tout le Liban. L'alerte était donnée.

Une chasse à l'homme s'organisa : Druses et Maronites se cherchaient pour se tuer; ce n'était plus par toute la montagne que pièges et embuscades; les meurtres se multipliaient et ce n'étaient là que les préludes de l'atroce tuerie qui allait suivre.

Un jour une troupe de jeunes gens Maronites partit pour El-Hammas pour acheter des armes; en retournant, ces jeunes gens déchargeaient leurs fusils en l'air, lorsque, tout à coup, apparut une bande considérable de Druses qui les attaquèrent; la lutte s'engagea aussitôt et les Maronites furent désarmés.

Ces jeunes gens résolurent de tirer vengeance de cet échec et allèrent à leur tour attaquer un village ennemi. Mais les Druses, depuis les premiers événements, avaient pris toutes leurs mesures en cachette et préparé une vaste organisation qui s'étendait déjà dans tout le Liban.

Tous les villages druses, prêts pour la guerre, devaient, sur un ordre donné, se lever en masse et procéder à un massacre sans merci.

Une réunion secrète, tenue dans le palais du gouvernement, à Damas, présidée par Achmet-Pacha, décide le massacre des chrétiens.

Les membres qui composaient la réunion étaient Abdallah-el-Haleby, chef de la religion musulmane; Zalin-Effendi, ministre de la religion de Mahomet; Amar-Effendi-Ghazi; Achmet-Effendi-Hassibi-Abd-el-Hadi-el-Oumari; Abdallah-Bey-Massif-Pacha; Mohammed-Bey-Hadmé; Ali-Bey-Achmet-Effendi de Beyrouth et quelques autres.

Dans ce conciliabule, on énuméra tous les griefs qui justifiaient la destruction des chrétiens : Leurs richesses étaient trop grandes et leurs connaissances trop prépondérantes, il y avait à craindre, pour un avenir prochain, des conversions, d'où grands dangers pour l'islamisme, peut-être pour l'autorité du sultan. On invoqua enfin une foule de raisons, toutes plus mauvaises les unes que les autres pour justifier le crime qui allait se commettre : Les chrétiens, chiens, ne pouvaient pas être les égaux des musulmans, et, par conséquent, vivre parmi eux; leur mort serait une purification de l'islamisme outragé. Les chrétiens devaient mourir !

Ce fut un effroyable carnage au cours duquel se produisirent les actes les plus épouvantables.

La première victime a été un prêtre maronite de Nihha qui fut littéralement écharpé. On tuait tout ce qui était chrétien.

Pendant plusieurs jours, il y eut une tuerie horrible, sauvage.

Les assassinats partiels commencèrent, et il ne se passait pas de jour sans que quelques-uns des postes de druses établis par les membres de la terrible assemblée, qui décréta la mort des chrétiens, n'assassinassent quelqu'un de ces derniers.

Cette situation dura peu de jours et bientôt les chrétiens, prenant la défensive, veulent se garantir de ceux qui menacent leur vie, et, à leur tour, dans une bagarre, ils tuent deux de leurs ennemis. C'est le signal de l'effroyable carnage.

Un prêtre maronite fuyait la montagne, sauvant cinq enfants dont les parents venaient d'être massacrés; des druses les rencontrent, ils s'emparent d'eux : Les barbares déchirent les enfants en deux, en tirant brutalement leurs jambes écartées, sous les yeux du prêtre, pétrifié par cet horrible spectacle; puis ils s'emparent de ce dernier et lui coupent la gorge.

Une malheureuse mère, dont le mari venait d'être tué, fuyait aussi ; les druses l'arrêtent et massacrent successivement les trois enfants dans ses bras, puis ils l'éventrent.

Douze cents chrétiens, qui s'étaient réfugiés dans une petite forêt des environs de Sidon, sont brûlés vifs.

Une autre jeune femme, que l'on avait obligé à assister au supplice de son époux, est livrée en pâture aux brutes humaines avec le bébé qu'elle allaitait; le bébé est coupé en morceaux dans les bras même de la mère, et le sang, en partie recueilli dans un vase, est offert à cette malheureuse, que l'on contraint à le boire. Enfin, son supplice est terminé par la mort.

A Deir-el-Kamar, dans l'église de Notre-Dame-des-Collines, tous les prêtres de la paroisse sont tués ; le supérieur subit un martyre à la possibilité duquel l'esprit refuse de croire. Mais, hélas! combien d'horreurs ont été commises que l'imagination ne peut comprendre, que la pensée repousse avec épouvante. Le vénérable prêtre est entièrement dépouillé de ses vêtements; après lui avoir fait subir les tortures de la flagellation, on lui arrache la peau de la tête ; puis, avec un instrument tranchant, on lui taillade le dos et la poitrine; on lui coupe les doigts des mains et on les lui introduit dans la bouche en lui disant : « Mange, ceci est le corps de ton Dieu. » Enfin on le décapite ! !

Les maisons des chrétiens étaient désignées aux massacreurs, par une marque extérieure qui y avait été préalablement faite ; toutes furent incendiées ; tous les habitants furent exterminés avec une férocité inimaginable. On tuait toujours ! !

Les vieillards débiles et sans défense étaient brutalement égorgés ; les enfants, dans leurs berceaux, étaient partagés en deux avec des haches ou des sabres ; les bourreaux, dans leur fureur bestiale, les écartelaient quelquefois avec leurs mains et les jetaient, loques hideuses, sur le corps pantelant du père ou de la mère.

Les femmes étaient mutilées et odieusement souillées. Celles qui portaient encore leurs enfants dans leurs seins étaient impitoyablement éventrées, fouillées dans leurs entrailles d'où l'enfant était arraché et jeté au loin, informe, horrible !

La mort était partout, l'écho s'emplissait des imprécations et des cris de fureur des exterminateurs ; des plaintes des victimes, du bruit du fer déchirant les chairs, du sang clapotait en de longs ruisseaux fumants !

Des troupes funèbres à l'aspect répulsif, composées d'êtres qui n'avaient rien d'humain, le visage et les mains rouges, armés de haches et de yatagans portant partout le meurtre et l'incendie, parcourraient la montagne.

Cet horrible tableau était éclairé par les lueurs lugubres des villages en feu !

Des milliers de chrétiens ont été massacrés, impuissants à se défendre contre la troupe toujours grossissante des assassins.

Plus de cinq cents villages ont été saccagés, pillés et brûlés ; trois cent mille habitants de la montagne se sont enfuis, terrorisés.

* L'évêque maronite Tobie (dont le nom restera attaché à l'histoire

des massacres de 1860), dès le début des événements, s'était rendu auprès du gouverneur à Beyrouth; par son attitude fière et énergique, il obligea le pacha à prendre la défense des chrétiens. Il était déjà trop tard.

Le crime préparé de longue main devait accomplir son œuvre et il l'accomplit. Les consuls des puissances étrangères sommèrent bien les pachas de défendre les villes et d'envoyer des secours; les pachas se firent complices.

Ils envoyèrent des soldats; mais ces soldats fanatiques, au lieu de défendre les chrétiens, pillaient et tuaient ce qu'avaient épargné les druses. Les soldats turcs s'avançaient vers la montagne entre les chré-tiens et les druses, mais quand ils voyaient une troupe de ces derniers, ils les laissaient passer et leur facilitaient le meurtre et l'incendie.

Les chrétiens du Liban ne se sont pas laissé égorger comme des moutons, sans engager de luttes, ainsi que l'ont prétendu des historiens mal informés. Ils n'ont succombé que sous le nombre et il est probable que si les druses s'étaient trouvés seuls en face d'eux, ils n'auraient pas vaincu. Mais, trahis et vendus par ceux qui avaient été envoyés pour maintenir l'ordre, leur impuissance était fatale.

Les épisodes de cette tuerie, où des maronites ont accompli des actes d'un héroïsme admirable, sont nombreux. Lorsque les druses ont violé la demeure du consul de France, à Damas, où s'étaient refugiés des chrétiens, on a vu un seul maronite, sans arme, désarmer et tuer plusieurs druses ou turcs. Dans une autre circonstance, deux maronites, attaqués par une cinquantaine de druses, ont pu tuer dix-neuf de leurs ennemis avant de succomber.

La prise de Zaahlé a surtout donné lieu à des actes de courage d'une audace inouïe de la part des chrétiens.

Zaahlé est situé entre Beyrouth et Damas, dans la montagne. Les chrétiens s'étaient réunis en partie dans cette ville, décidés à tout contre leurs ennemis. Malheureusement, ils n'avaient presque pas d'armes et encore moins de munitions; la résistance paraissait bien difficile dans ces conditions.

Ils attendaient du renfort et des armes que d'autres chrétiens devaient leur apporter.

Les druses, en nombre considérable, tentèrent deux fois d'envahir la ville dont il faisaient le siège; deux fois ils furent repoussés et firent de nombreuses pertes.

Les maronites, avec leur seul courage, les vainquirent et seraient demeurés victorieux sans l'infâme supercherie qu'employèrent leurs adversaires.

Ceux-ci avaient appris que les chrétiens attendaient des renforts de leurs frères; ils se retirèrent dans la montagne, puis revinrent la nuit, vêtus comme les maronites, portant des bannières et des croix comme les leurs, chantant les chants patriotiques chrétiens.

Les habitants de Zaahlé, trompés par ces apparences, et croyant avoir affaire à leurs frères chrétiens, ouvrirent les portes de la ville et s'avancèrent, sans méfiance, à leur rencontre. Quand ils reconnurent leur erreur, il était trop tard, le massacre était recommencé, la ville était en feu! Quelques fuyards poursuivis se réfugièrent dans des excavités de rochers, ils y furent brûlés vifs.

Enfin, les puissances européennes intervinrent et mirent un terme à ces épouvantables événements.

Le pays conserva pendant longtemps les traces des désastres dont il fut le théâtre.

Les morts, en nombre considérable, furent précipitamment mis en terre comme si on avait voulu les dissimuler.

A peine couverts, les émanations putrides que les corps exhalaient

avaient attiré dans la montagne une légion de bêtes fauves, friandes
de la chair humaine. Les loups, les hyènes, les chacals, etc., en avaient
remplacé ce qui restait d'habitants et présentaient un nouveau
danger...

L'abbé Lavigerie qui fut depuis cardinal et évêque de Carthage, établit
ainsi le bilan des horreurs qui ont été commises contre les chrétiens.

360 églises renversées;

43 couvents brûlés;

368 villages saccagés et incendiés;

9 établissements religieux des européens détruits.

Ernest Louet, le payeur de l'expédition française, a établi une
statistique, d'après laquelle il résulte que le nombre des chrétiens
assassinés s'élève à 16.000; mais ce nombre est beaucoup plus considérable, si l'on considère les missionnaires, en tête desquels se trouvait le père Graham, qui ont payé de leur vie, leur intervention.

Les massacreurs ne se bornaient pas à tuer, ils enlevaient encore
les jeunes femmes pour les vendre dans les harems. C'est ainsi que
plus de trois mille chrétiennes ont été cédées pour quelqu'argent
comme une marchandise vulgaire.

Le nombre des veuves et des orphelins s'est élevé à plus de 20.000!

Ces horreurs sont révoltantes, on a peine à croire à leur réalité;
malheureusement elles sont vraies et nous en atténuons la force en
passant sous silence, des détails dont l'ignominie ne le cède en rien à
la cruauté barbare de ceux qui en sont les auteurs.

Trente-cinq ans se sont écoulés depuis cette triste période. Le
temps, s'il n'a pas effacé le souvenir des massacres de 1860, en a déjà
atténué les conséquences. Grâce, surtout, au concours de la France,
les désastres ont été réparés.

C'est vers la France que se sont tendues les mains de ce qui restait de chrétiens dans le Liban. Notre pays, toujours généreux, toujours compatissant, après avoir envoyé ses soldats en Syrie pour défendre les faibles, y a envoyé son argent.

Près de douze millions ont été donnés par la France pour secourir les Libanais.

Sans vouloir faire une critique, nous ne pouvons nous empêcher de regretter que cet argent, qui aurait, surtout, dû servir à la reconstitution des villages détruits, ait été, en grande partie, distribué aux couvents qui en ont fait un usage personnel.

Mais les couvents avaient aussi été brûlés, il fallait bien les réédifier et l'argent n'a pas manqué pour le reste; on en a envoyé, on en envoie encore.

Les villages ont été reconstruits et le Liban se trouve aujourd'hui dans la voie ascendante. De nombreuses sommes d'argent ont été envoyées par les Français : Les œuvres françaises, fondées dans ce but, se sont multipliées. D'ailleurs, les Libanais sont tellement sûrs de l'appui de la France, qu'il semble qu'ils ont, comme le droit de s'adresser à elle et de faire appel à son inépuisable charité, chaque fois qu'ils ont besoin d'un appui quelconque, moral ou financier. Nous trouverions bien quelques Syriens pour contester ce fait; il y a des brebis galeuses dans les troupeaux les plus sains. Ceux-là sont les vendus, qui trouvent trop lourd l'héritage de reconnaissance légué par leurs pères et s'en dégagent en acceptant des secours mendiés à l'étranger qui les flatte.

Nous souhaitons que de nouveaux troubles ne viennent plus arrêter les progrès du Liban.

D'ailleurs, le sultan actuel n'est point un fanatique irraisonnable; esprit large, libéral, ami du progrès et ennemi des mesquineries qui le paralysent, il est une garantie pour les chrétiens d'Orient.

Déjà, en maintes circonstances, il a donné des preuves de la grandeur de ses idées et on peut être certain qu'il serait le premier à s'élever contre les sectaires avides de sang et d'extermination.

Il est à désirer que le Liban, qui est certainement appelé à jouer un beau rôle dans l'histoire, parvienne à. enrayer l'émigration qui le dépeuple.

La lumière de l'enseignement apportée dans les esprits ne permet plus aux populations de se suffire avec les moyens dont elles disposent.

Les besoins deviennent tous les jours plus grands et on fait bien peu de chose pour y répondre.

Chaque année, des centaines de jeunes gens quittent le Liban, se répandent en France et surtout en Amérique pour tenter la fortune. Les uns réussissent; nous en connaissons beaucoup qui, sans un sou vaillant, avec les seules ressources de leur intelligence, ont constitué de petites fortunes.

D'autres ne parviennent qu'à augmenter le nombre des malheureux.

Il ne suffit pas de développer les esprits, il faut ensuite leur donner l'élément des aspirations que l'instruction fait naitre forcément. Il faudrait que la classe dirigeante s'appliquât à faire surgir les initiatives pour la création d'industries, et qu'elle s'ingénie à provoquer un mouvement commercial pour les alimenter.

Si les milliers de syriens qui vivent et progressent à l'étranger avaient trouvé dans leur pays de quoi se suffire, il est à présumer qu'ils y seraient restés.

En travaillant pour eux, dans leur pays, ils auraient en même temps travaillé à la prospérité nationale.

Par l'émigration, non seulement la famille arrive à se désorganiser, mais le pays s'affaiblit. Il arrive à manquer de bras et d'intelligences, il court à la perte de ses libertés.

Il n'en sera pas ainsi pour le Liban, espérons-le, et on le verra certainement occuper un jour la place qu'il aura conquise par le travail et l'amour de ses enfants.

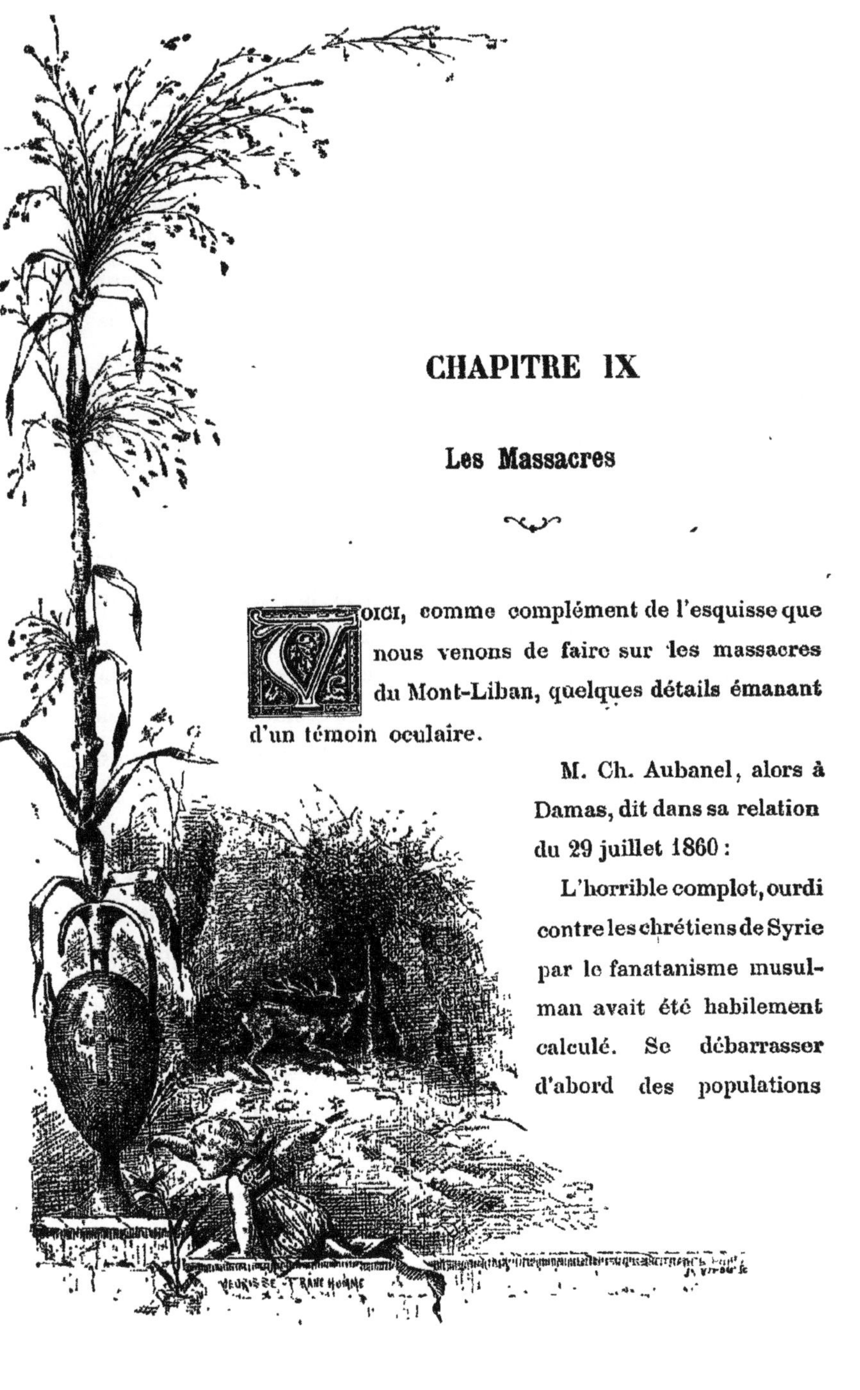

CHAPITRE IX

Les Massacres

OICI, comme complément de l'esquisse que nous venons de faire sur les massacres du Mont-Liban, quelques détails émanant d'un témoin oculaire.

M. Ch. Aubanel, alors à Damas, dit dans sa relation du 29 juillet 1860 :

L'horrible complot, ourdi contre les chrétiens de Syrie par le fanatanisme musulman avait été habilement calculé. Se débarrasser d'abord des populations guerrières du Liban, puis massacrer sans obstacle les populations plus paisibles des villes, tel était le plan des assassins. Cependant, les fanatiques de Damas perdaient patience. A l'approche de la grande fête du Baïram, les Turcs de cette ville combinèrent leur œuvre de destruction avec les Druses et les Kurdes des environs dans lesquels ils devaient trouver des complices dignes d'eux. Tout était prêt pour le jour terrible, lorsque la veille, l'émir Abd-el-Kader, ce héros qui, par son admirable conduite à Damas s'est placé dans l'histoire à côté des noms les plus illustres, prévenu par M. Lanusse, chancelier du Consulat de France, du complot qui se tramait, se rendit à la grande mosquée; là, dans une allocution admirable de sens, de raison et d'humanité, il dit à la multitude altérée de sang tout ce qui pouvait l'arrêter dans son infernal projet.

Il défendait, en même temps, aux Druses d'entrer en armes dans la ville. Cette mesure énergique, jointe à ses courageuses paroles arrêtent le mouvement, car on craignait les quatre mille Algériens de l'émir autant que l'on respectait leur chef. Mais le massacre ne fut qu'ajourné.

Les chrétiens se trouvaient journellement en butte aux outrages et aux menaces des Turcs. Les évêques protestèrent, les consuls s'unirent à eux et demandèrent au pacha qu'il mit des troupes au quartier chrétien pour le protéger contre toute attaque.

Hélas! les consuls de Damas, avec leur loyauté, étaient dupes des Turcs comme l'avaient été ceux de Beyrouth. Les chrétiens ne s'y méprirent pas, les fuyards de Hasbeya et de Racheya, surtout savaient la confiance que l'on pouvait avoir en ces troupes. C'étaient précisément celles qui avaient massacré leurs parents et leurs frères. Ils dirent aux chrétiens de Damas. « Quand on a voulu nous massacrer chez nous, on nous a fait garder par les troupes. »

Cependant les chrétiens ne cessèrent d'avoir toute espèce de déférence et de bons traitements pour ces prétendus défenseurs.

Cet état de crainte dura jusqu'aux 7 et 8 juillet, jours où la nouvelle de la prise et du sac de Zahleh arriva à Damas. Alors les musulmans redoublèrent d'outrages et les poussèrent aux dernières limites. Abd-el-Kader n'était malheureusement pas dans son palais, il se trouvait dans un village voisin.

Une troupe de bandits réunit cinq chiens auxquels ils donnèrent les noms de cinq monarques chrétiens, signataires du traité de 1856, puis ils amenèrent quelques autres de ces animaux qu'ils nommèrent *consuls* et chaque chrétien qui passait, ils l'arrêtaient, bâtonnaient devant lui ces pauvres bêtes en disant : Voilà l'empereur Napoléon. Voilà l'empereur Alexandre.

Non contents de ces ignobles outrages, ils suspendirent la croix de de bois au cou de ces chiens et forçaient les chrétiens à s'agenouiller devant eux, en leur disant : « Adorez votre Dieu!... »

Le 9 juillet, des musulmans traçaient des croix sur le sol, les foulaient aux pieds et obligeaient les chrétiens à faire de même. Ceux-ci s'indignèrent ; une rixe était imminente. Les consuls protestèrent. Le pacha fit saisir et incarcérer quelques-uns des coupables. La populace réclama les prisonniers. Le pacha, par une politique indigne, les délivra, à condition qu'ils balayeraient eux-mêmes la place où les profanations avaient eu lieu, bien persuadé que ce serait là le signal du massacre.

En effet, vers midi, des hurlements retentissent dans toute la ville. Le pacha était à la mosquée, on vient l'avertir que la population s'est soulevée, il ne bouge pas. On revient lui dire que le massacre et l'incendie ont commencé, il ne répond rien. Les troupes paraissaient vouloir maintenir l'ordre, elles avaient même tué quelques émeutiers et la foule commençait à se retirer. Mais bientôt après, aux sons de la musique militaire et au signal donné par un coup de canon, les chefs militaires font rentrer une partie des troupes. Des artilleurs tirent à poudre sur les toits de feuillage qui ombragent les rues et y mettent le feu. Aussitôt les fanatiques reviennent par milliers et le massacre et l'incendie recommencent avec plus de fureur.

Qui pourrait dépeindre les horreurs qui souillèrent cette journée à jamais exécrable. Pendant que l'incendie dévorait les maisons les plus somptueuses, les habitants, courant dans les rues pour échapper aux flammes, tombaient sous le poignard des assassins ou étaient rejetés dans le feu par la baïonnette des soldats turcs. Le chef des troupes irrégulières fit un carnage épouvantable ; les artilleurs chargeaient leurs chariots de tout le butin qu'ils pouvaient arracher aux flammes et que les incendiaires jetaient dans les rues.

Les femmes et les jeunes filles étaient dépouillées et traînées ensuite par ces scélérats dans les harems. Quelques-unes, appartenant aux meilleures familles étaient vendues à des Kurdes. D'autres suppliant à genoux leurs bourreaux de les respecter . . . .

L'épaisse fumée qui s'élevait du quartier chrétien était un appel fait à toutes les convoitises des hordes voisines, Druses et Kurdes fondirent sur cette proie si longtemps convoitée. Heureusement aussi que cette fumée avertit le généreux, l'héroïque Abd-el-Kader, il accourut avec les quelques centaines d'Algériens qui l'entourent ; il envoie en même temps l'ordre à tout son monde de se rendre immédiatement auprès de lui dans son palais à Damas. Alors commença l'œuvre du salut. M. Lanusse et les autres consuls se réfugient dans sa demeure respectée. Aussitôt les Algériens se dispersent dans la ville pour recueillir les fuyards et les assiégés et, si grand était l'empire d'Abd-el-Kader à Damas, qu'un seul Algérien pouvait amener 40 ou 50 chrétiens sans que personne osât rien lui dire.

C'est ainsi que furent sauvés les pères Lazaristes et les Sœurs de Charité, avec une foule de jeunes filles qui s'étaient réfugiées chez elles. Plus de vingt mille chrétiens furent arrachés au fer des assassins et transportés au fur et à mesure du palais de l'émir à la forteresse plus spacieuse et plus capable de renfermer la foule des malheureux. Ce fut bien malgré lui que le pacha reçut ces infortunés dans le château, lui qui, comme un autre Néron, assistait à la destruction du quartier chrétien, contemplant ce spectacle du haut de sa terrasse, fumant son chibouk à la lueur de l'incendie et au son de la musique militaire, exécutant les morceaux les plus gais.

C'est avec la même impassibilité que le mutselem de Deïz-el-Kamar, présidait à la boucherie des *chrétiens* maronites dans son propre palais, tranquillement assis, la pipe à la bouche.

L'incendie avait commencé par le consulat russe, dont le chancelier fut égorgé sur place. Tous les consulats ont eu le même sort, excepté ceux de France, d'Angleterre et de Prusse, lesquels appartenaient à des Turcs et se trouvaient dans le quartier musulman. Le bel établissement des Sœurs de Charité, cet asile de toutes les misères a été réduit en cendres quelques instants après la fuite des religieuses.

Le couvent des pères Franciscains a eu un sort bien plus funeste. Pas un seul religieux n'a échappé. Ils étaient sept pères et deux frères tous espagnols ou italiens. Plusieurs chrétiens réfugiés dans le couvent ont été également égorgés. Mais aussi il a été le théâtre de deux martyres bien consolants pour un cœur catholique, navré au milieu de tant de scènes de massacre et d'horreur. Le Père Angelo, curé des Latins de Damas, fut sollicité d'apostasier et de se faire musulman. Sur sa réponse calme et ferme qu'il ne savait pas comment on se faisait musulman, qu'il ne connaissait que Dieu et son divin fils Jésus-Christ, on lui déchira le corps, on lui coupa les membres et on traîna ce tronc mutilé dans la rue pour le donner en spectacle à la population.

Un riche et pieux maronite de la famille de Mesbeké, réfugié dans le couvent, reçut la même invitation, accompagnée des plus terribles menaces. Le courageux vieillard répondit qu'il était écrit dans l'Évangile :

« Ne craignez point ceux qui ne peuvent tuer que le corps. Mais craignez celui qui peut précipiter le corps et l'âme dans l'enfer. »

Il fut mis immédiatement en pièces à coups de poignards, de sabres et de haches.

Abd-el-Kader fut très affecté du massacre des R. P. Franciscains. Trois fois il avait envoyé ses vaillants Algériens pour les sauver, et trois fois les bons Pères n'avaient pas répondu à l'appel. On ne sait trop si c'était par défiance, prenant les algériens pour des compagnons, des massacreurs, ou plutôt par ce qu'ils jugeaient leur couvent imprenable. Ils périrent tous sous les ruines embrasées. En supposant d'ailleurs que ce fût par défiance, elle n'était pas sans fondement de leur part. Parfois, les forcenés musulmans, contrefaisaient le langage des Algériens, invitaient les malheureux chrétiens cachés dans les puits ou les égouts de la ville à sortir, et une fois dehors ils les égorgeaient en se raillant d'eux.

Ces scènes d'horreur durèrent trois jours et trois nuits, depuis le lundi 9 juillet jusqu'au jeudi 12.

A l'arrivée de Halim-Pacha, les hordes de pillards et d'assassins, gorgés de sang et de butin, rentrèrent dans leurs repaires. Quelle reconnaissance ne doivent pas les puissances chrétiennes, au dévouement si admirable d'Abd-el-Kader. Disons-le à l'honneur de la France, c'est son nom et le souvenir de ses victoires, qui a surtout déterminé ces sublimes efforts. C'est la France aussi qui a pourvu à l'entretien de 12 à 15,000 âmes pendant quinze jours. C'est encore Abd-el-Kader qui a donné des hommes et le Consulat français qui a fourni l'argent pour expédier des caravanes nombreuses de ces infortunés chrétiens à Beyrouth. La première de ces caravanes comptait plus de mille personnes; cinquante Druses les conduisaient, surveillés eux-mêmes par les Algériens.

Druse

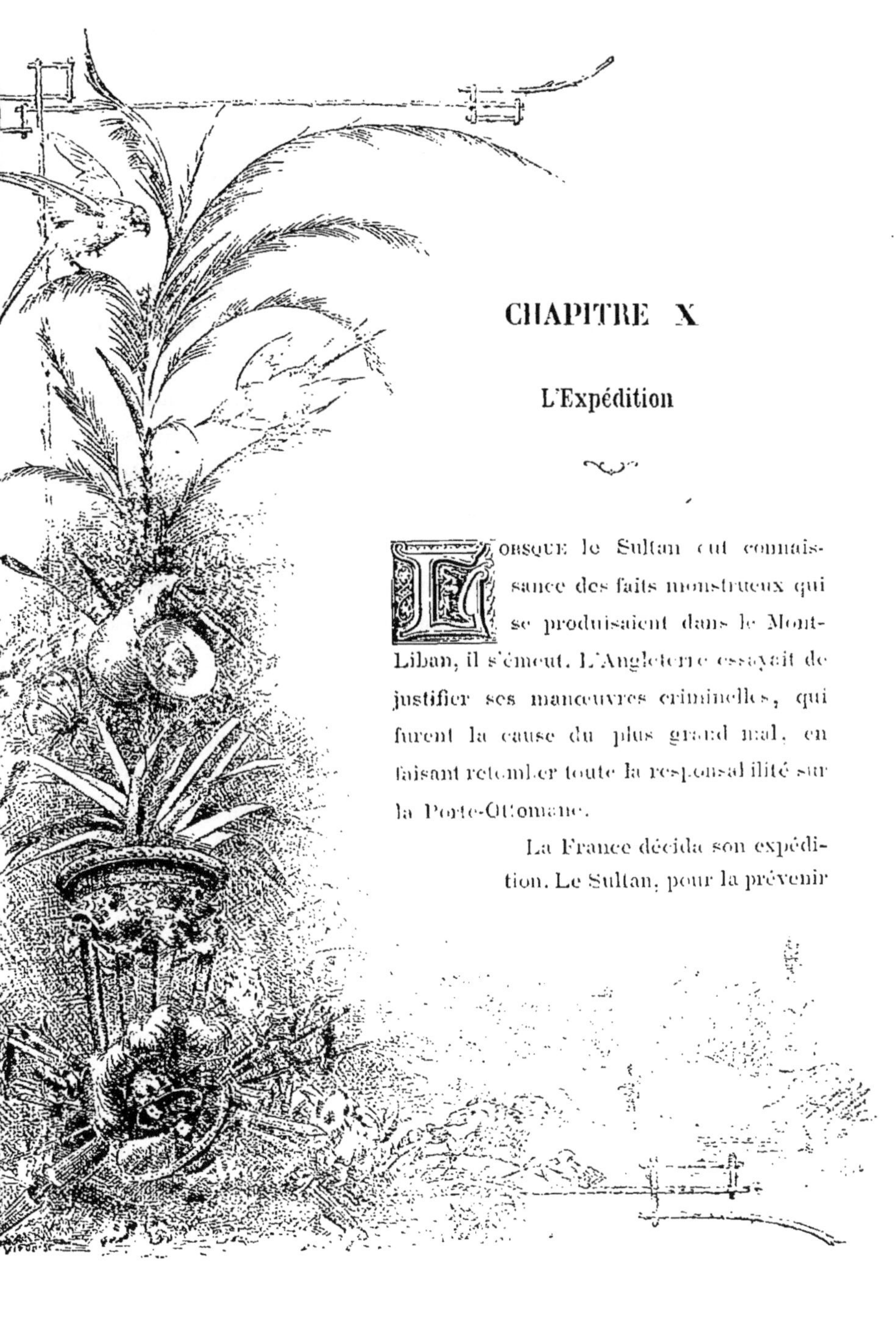

CHAPITRE X

L'Expédition

Lorsque le Sultan eut connaissance des faits monstrueux qui se produisaient dans le Mont-Liban, il s'émeut. L'Angleterre essayait de justifier ses manœuvres criminelles, qui furent la cause du plus grand mal, en faisant retomber toute la responsabilité sur la Porte-Ottomane.

La France décida son expédition. Le Sultan, pour la prévenir et se garantir contre des éventualités que pouvait faire naître l'intervention, adressa cette missive, contenant protestation et promesses, à l'empereur Napoléon III.

« Je tiens à ce que Votre Majesté sache bien avec quelle douleur j'ai appris les événements de Syrie. Qu'Elle soit convaincue que j'emploierai toutes mes forces pour y rétablir l'ordre et la sécurité, punir sévèrement les coupables quels qu'ils soient, et rendre justice à tous. Pour qu'il ne puisse y avoir aucun doute sur les intentions de mon gouvernement, c'est à mon Ministre des Affaires étrangères, dont les principes sont connus de Votre Majesté, que j'ai voulu confier cette importante mission. »

Enfin, les grandes puissances intervinrent, et la France organisa son expédition dont elle confia le commandement au général de Beaufort d'Hautpoul.

Plus que les autres, la France avait le droit d'intervenir directement, non seulement pour sauver les chrétiens du Liban, mais aussi pour obtenir une réparation des injures qui lui avaient été adressées. En effet, son drapeau avait été insulté à plusieurs reprises par les massacreurs, qui n'étaient pas seulement des Druses. Ses consulats outrageusement violés et de nombreux Français, prêtres ou laïques, avaient été tués.

Nous signalerons ici une particularité étrange qu'il est bon de faire connaître : le drapeau britannique a, au cours de cette folie criminelle, constamment été respecté ; les consulats et les sujets de cette nation n'ont jamais eu à souffrir. Bien plus, quand un chrétien se réclamait de la France, pensant ainsi sauver sa vie, il tombait immédiatement frappé ; quand un Européen se réclamait de l'Angleterre, la « nation amie, » il était protégé.

Nous n'entrerons pas personnellement dans la voie des commentaires que doit inspirer l'établissement de cette différence, et d'où il résulterait probablement la définition du rôle des Anglais dans ces terribles événements. Nous nous contenterons de reproduire une relation du journal *la Patrie* à propos d'un simulacre de répression contre les druses, lors de l'occupation française :

« Moktarah, ancienne résidence de Saïd-Bey-Jemblat, est au centre du pays druse. Si l'Angleterre, aujourd'hui protectrice du gouvernement turc, n'a pas envoyé d'armée en Syrie, elle s'en est dédommagée en faisant occuper le pays par ses agents diplomatiques.

« Pourquoi se mettre en frais d'une autre manière puisque ses conseils sont suivis avec empressement? Il ne lui faut que quelques organes. Cinq sous-commissaires ont donc été adjoints à lord Dufferin et ont été répartis sur les points principaux. L'un d'eux, M. Charton-Waittal, a été envoyé à Moktarah, d'où il rayonne sur tous les districts environnants. Il a avec lui tout un personnel de légation : secrétaire-interprète et même un correspondant du *Morning-Post*. La dépense de cette agence est couverte par 60,000 livres sterling.

« C'est à Moktarah qu'est le quartier général de l'armée ottomane, qui occupe le Liban, concurremment avec l'armée française. Le commandement en a été confié à Omer-Pacha, qui commandait à Alep au moment des derniers événements. Omer-Pacha, d'origine russe, parle parfaitement le français; les circonstances l'ont fait musulman. Il est obligé d'obéir aux instructions qui lui sont données par ses chefs; mais leur fanatisme n'a pu se communiquer à lui et il n'a rien des allures d'un pacha turc. Sa conduite à Alep est digne d'éloges; il est parvenu à empêcher à Alep le massacre des chrétiens.

« On ne pouvait placer en de meilleures mains le commandement de l'armée du Liban, maintenant que la force brutale y serait tout à fait de saison.

« Omer-Pacha a pour chef d'état-major Hassein-Bey, musulman comme lui, mais d'origine anglaise. Unis par leurs liens nouveaux, ils vivent en frères et à l'européenne dans le nouveau château qu'a fait construire un riche druse dont ils sont venus occuper la place. Le sous-commissaire anglais, avec son monde, est établi à côté d'eux, dans l'ancienne maison de Saïd-Bey-Jemblat. Il y a deux toits, il y a deux tables, mais il n'y a qu'un cœur dans cette colonie à date récente. On s'invite réciproquement et l'on fait, le soir, le whist en commun après avoir vaqué le jour à ses affaires avec indépendance.

« En transportant à Moktarah le tribunal extraordinaire qui devait juger les druses, Fuad-Pacha pouvait donc s'affranchir du contrôle de tous ceux qui le gênaient, sans perdre l'appui et les conseils du commissaire de l'Angleterre qui avait là un suppléant.

« La conviction de citoyen britannique, qui se dit complètement investi de la confiance de lord Dufferin, est que la sécurité est maintenant assurée pour deux ans; il ne répond pas de l'efficacité de la sévère leçon d'aujourd'hui, au delà de ce terme, mais on a le temps d'y aviser et, en attendant, l'armée française étant inutile doit évacuer le pays. La mission de tout commissaire anglais dans ces circonstances, n'a pas d'autre but que de prouver que la paix est faite. Beaucoup s'étant sauvés devant l'armée française, on pouvait craindre qu'ils ne revinssent après son départ recommencer les brigandages. Il importait de faire rentrer immédiatement dans leurs foyers les gens suspects, pour montrer leur soumission au nouvel ordre de choses établi par le gouvernement turc. Le sous-commissaire anglais a usé de toute son influence sur les druses pour les rassurer; la plupart étaient donc revenus, d'après ses conseils. Mais voilà que le gouvernement turc est forcé de sévir contre eux et de les arrêter par milliers.

« Persuader qu'une mesure qui a toute l'apparence d'une trahison est prise, au contraire, pour le plus grand intérêt de ceux qui en sont victimes, est assurément une tâche difficile ; elle ne parait pas néanmoins effrayer le diplomate britannique. Les druses comprennent très bien que l'armée française est venue détruire leur règne au Liban ; aussi ne-doivent-ils reculer devant aucun sacrifice pour la faire partir. Il faut, pour le moment, des victimes ; mais le commissaire anglais est là pour en diminuer le nombre, pour sauver les plus précieuses. Omer Pacha qui préside le tribunal extraordinaire est son ami, tous ses loisirs lui sont consacrés et c'est son appartement qui lui sert de retraite dans les suspensions d'audience. Le commissaire anglais peut donc être informé sur le sort des druses qui sont en cause.

« Naguère, aux assises de Moktarah, cette intimité a été troublée un instant, M. Moch, qui commande à Deïr-el-Kamar, et qui est chargé de présider aux travaux de construction de cette ville, avait besoin de bois et voulait abattre des pins dans les environs de Moktarah. Il résolut de se rendre auprès d'Omer-Pacha, pour lui en demander l'autorisation. Plusieurs officiers, en garnison à Deïr-el-Kamar, profitèrent de l'occasion pour aller visiter l'ancien château de Saïd Bey-Jemblar, entr'autres, le capitaine et le lieutenant du génie, deux capitaines, un lieutenant du 13e de ligne, M. de Beaudicourt et un prêtre maronite, le P. Azao, qui l'accompagnait, s'étaient joints à eux. Aly-Bey Kaïmakam leur servait de guide. La marche était ouverte par deux spahis, le fusil au poing, et fermée par les ordonnances des officiers. On n'avait jamais vu pareille caravane à Moktarah. Dès qu'on la vit descendre à travers les rampes rapides de la montagne, toute la population sortit des maisons pour jouir du spectacle.

« Saïd-Bey-Jemblat recherchait les fermiers chrétiens, et Moktárah est en grande partie habité par les maronites. Ceux-ci ne purent retenir leur joie en voyant apparaître des officiers français et se mirent tous à acclamer la France malgré les plaintes des soldats turcs qui voulaient leur faire crier : Vive le Sultan !

« La garnison ottomane était sortie de ses casernes et avait peine à contenir les prisonniers druses entassés sous les voûtes du château.

« La plupart avaient leurs femmes et leurs parents dans la cour, attendant avec impatience les sentences du tribunal. Omer-Pacha était à table avec le Cadix de Constantinople, oracle de la loi musulmane, et tous les autres membres du tribunal extraordinaire. Il fut d'une politesse extrême pour tous les visiteurs. Après leur avoir offert le café, il chargea Hassein-Bey de leur montrer le château. Saïd-Bey-Jemblet l'avait rempli de meubles européens et pouvait y recevoir ses amis, les Anglais, avec tout le confort nécessaire.

« Il avait un million et demi de francs de revenu, que le gouvernement Ottoman vient de confisquer. C'est bien la moindre punition qu'on puisse lui infliger pour avoir laissé piller et massacrer les chrétiens par les druses, ses subordonnés. Les Turcs savent tirer parti de tout.

« Saïd-Bey-Jemblat, était amateur de chevaux, il en avait quatre-vingts de haut prix. On montra les écuries aux visiteurs, mais toutes les bêtes avaient été vendues ou données aux officiers turcs pour faire place aux prisonniers druses. A peine sortis du château, les officiers français furent acclamés de nouveau. Les chrétiens accouraient sur leur passage pour leur remettre des pétitions et leur offrir des bouquets de roses. A tort ou à raison, les chrétiens prétendent qu'on relâche tous des druses qui connaissent les Anglais ou qui sont assez riches pour donner de l'argent aux juges. Or, ce sont précisément les plus coupables.

« Le fait est qu'à peine en liberté ils insultent les chrétiens et leur promettent que leur tour viendra aussitôt que les Français seront partis.

« Les Turcs, chargés de faire restituer aux druses les objets que ces derniers avaient volés pendant les événements, se livraient à des perquisitions, mais s'appropriaient tout ce qu'ils trouvaient.

« Nos soldats, pendant ce temps, aidaient les habitants dans la reconstruction de leurs maisons et leur distribuaient les secours qu'ils obtenaient d'Europe. Le gouvernement turc ne payait que fort lentement les indemnités dues aux chrétiens qui, l'hiver venu, se trouveraient exposés aux rigueurs de la température. Le général de Beaufort imposa aux druses de venir en aide aux chrétiens qu'ils avaient pillés, mais le commissaire anglais défendit les druses.

« Les druses et les Turcs n'assument donc pas seuls la responsabilité des crimes commis, les Anglais ne sont pas indemnes. Et ces derniers n'ont pas pour semblant d'excuse, le fanatisme religieux, ils sont les froids calculateurs qui visent un but et n'hésitent pas devant les moyens pour l'atteindre. Mais notre rôle ici n'est pas de juger. »

CHAPITRE XI

Une œuvre patriotique

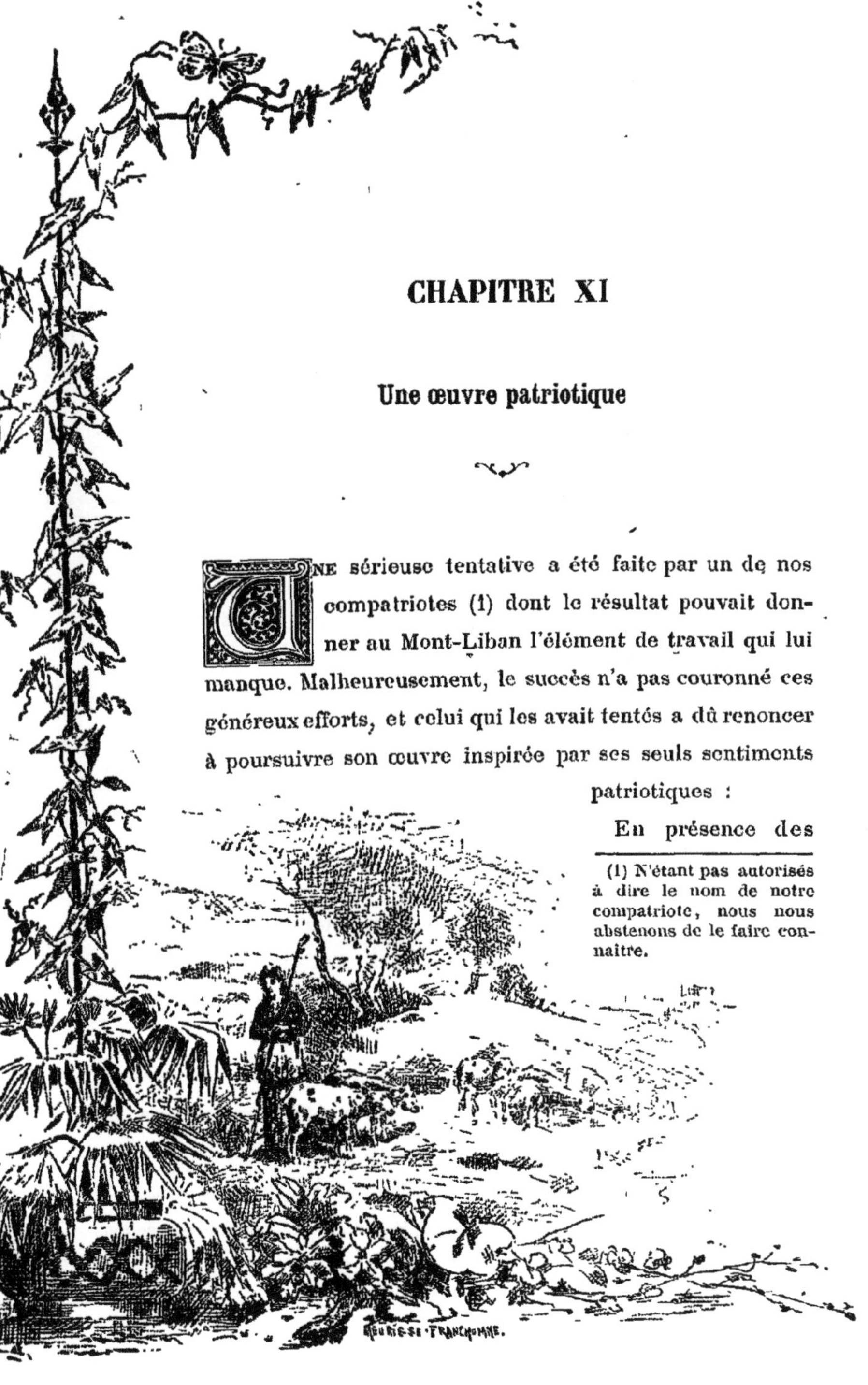

UNE sérieuse tentative a été faite par un de nos compatriotes (1) dont le résultat pouvait donner au Mont-Liban l'élément de travail qui lui manque. Malheureusement, le succès n'a pas couronné ces généreux efforts, et celui qui les avait tentés a dû renoncer à poursuivre son œuvre inspirée par ses seuls sentiments patriotiques :

En présence des

(1) N'étant pas autorisés à dire le nom de notre compatriote, nous nous abstenons de le faire connaitre.

manœuvres pratiquées par les pasteurs anglais, les Allemands, les Autrichiens et d'autres, pour amoindrir notre prestige dans le Mont-Liban, notre compatriote avait résolu de fonder une œuvre purement française, que l'exposé du programme que nous transcrivons fera connaître (1).

Le but de la fédération est de soutenir et propager l'influence française en Orient; continuer la protection séculaire que notre pays accorde aux catholiques du Levant, et en particulier à ceux du Mont-Liban.

Et, pour cela, d'utiliser tous les moyens que comportent les conditions des temps modernes et la situation des pays qui reconnaissent la protection de la France.

Jusqu'à présent, la charité publique a contribué à créer et entretenir des écoles en Orient; cette œuvre, certainement admirable, a donné des résultats, mais, pour être vraiment efficace, elle a besoin d'être complétée par une autre qui assurera la permanence et la stabilité de notre action protectrice.

Une maison spéciale sera créée en France pour y recueillir les jeunes Orientaux pauvres, maronites, Grecs unis, Arméniens, Syriens, etc. Ces jeunes gens recevront une éducation et une instruction françaises; on leur apprendra nos arts, notre littérature, notre commerce et notre industrie, selon leurs aptitudes.

Les uns seront attachés à nos maisons françaises et renvoyés chez eux pour y représenter et défendre nos intérêts et créer un mouvement profitable à leur pays; les autres, ceux dont la vocation

---

(1) L'œuvre s'appelait la *France maronite*, fédération française de protection en Orient.

les pousserait dans cette voie, seront destinés à la prêtrise selon leurs rites respectifs et retourneront aussi dans leur pays où ils feront d'excellents missionnaires.

Par suite, dans l'avenir, répandre l'enseignement agricole afin d'aider les populations indigènes à tirer un meilleur parti des ressources de leur propre pays, en donnant à cet enseignement une direction pratique et française.

Etablir des écoles industrielles et commerciales, des fermes-écoles.

Contribuer à donner au clergé indigène qui représente l'autorité parmi les populations chrétiennes de la Syrie, une forte instruction qui lui permettra d'exercer son influence dans les conditions d'une plus grande efficacité, dans ces milieux où les mœurs, la religion et les rites se confondent.

Aider au développement matériel de ces pays en favorisant un ensemble d'entreprises et de créations qui permettront d'utiliser les aptitudes des jeunes gens sortant de la maison française et qui les empêcheront de se mettre au service d'intérêts trop souvent en opposition avec les traditions d'attachement à la France.

Chercher à faire confier des terrains à des particuliers, à des congrégations essentiellement français qui pourront les exploiter au profit des indigènes à titre de ferme-école, introduiront dans la culture les méthodes les plus nationales et joueront, dans ces pays, le rôle de civilisateurs.

Faire suivre cette même impulsion par les propriétaires, particuliers ou couvents indigènes; au besoin, chercher à leur procurer les moyens de crédit leur permettant de réaliser ces progrès utiles sous la direction de Français.

Provoquer des entreprises d'utilité publique, établir des rapports commerciaux et des débouchés avec la France.

Faire en un mot tout ce qui sera possible et ce que les circonstances permettront, pour donner aux Syriens du Mont-Liban les éléments de travail et de bien-être que comporte notre époque de progrès.

On voit facilement ce que donnerait, en résultats, la réalisation de ce programme.

L'initiateur ne recula pas devant les obstacles multiples qui devaient se dresser sur son chemin. Il les prévoyait bien, mais avec ses résolutions toutes françaises et sa foi, il se dit : « j'arrive quand même. » Malheureusement il n'est pas arrivé.

Au mois de juillet 1889, ayant informé de son projet le Président de la République française, il reçoit un premier encouragement moral qui augmente son désir d'arriver. On sait que le regretté M. Carnot s'intéressait au plus haut point à toutes les questions sociales et patriotiques.

A une demande d'audience qu'il adresse au chef de l'État, le 26 du même mois de juillet, il reçoit, le 28 la réponse suivante :

PRÉSIDENCE

de la

RÉPUBLIQUE.

Paris, 28 juillet 1889.

« Monsieur,

« Monsieur le Président de la République a reçu la demande d'audience que vous lui avez adressée, au sujet de la création éventuelle, en France, d'une Maison destinée à recevoir les jeunes Orientaux du Liban.

« Afin de pouvoir l'entretenir utilement de cette question, Monsieur le Président désire que vous confériez, au préalable, avec Monsieur le Ministre des Affaires étrangères qui est, du reste, tout disposé à vous recevoir, et que vous pourrez édifier sur vos projets, en même temps qu'il appréciera la mesure dans laquelle il serait possible de les encourager.

« Agréez, Monsieur, l'assurance de ma considération très distinguée.

« Le général de brigade,
« Secrétaire général de la Présidence,
Signé : Gal BRUGÈRE. »

A la suite de cette lettre encourageante, notre compatriote se rend auprès de M. Spuller, alors ministre des Affaires étrangères, pour l'entretenir de son projet.

L'accueil que lui fait le ministre dépasse ses espérances ; M. Spuller, avec le tact et la haute compétence qui le caractérisent, apprécie dans un sens favorable l'exposé qui lui est fait ; il voit le côté humanitaire et le caractère patriotique de l'entreprise, il envisage les grands services qu'elle peut rendre à tous les points de vue ; aussi demande-t-il un rapport détaillé pour pouvoir mieux l'étudier.

Le 31 juillet, ce rapport lui était envoyé par le fondateur avec la lettre suivante :

A Monsieur le Ministre des Affaires étrangères.

« Monsieur le Ministre,

« Conformément à la demande que Votre Excellence a daigné me faire, j'ai l'honneur de lui fournir quelques détails sur l'œuvre des maronites que je fonde en France et de laquelle j'ai été admis à l'entretenir.

« Me permettant de compter sur les bonnes espérances que Votre Excellence a bien voulu me donner, j'ai l'honneur d'être, avec l'expression de ma profonde gratitude, Monsieur le Ministre, votre dévoué et respectueux serviteur. »

                                        Signé : ***

Paris, le 31 juillet 1889.

Avec ce concours moral, la tâche était facilitée, mais il fallait encore le concours religieux qui est indispensable pour inspirer confiance aux chrétiens du Liban. Le fondateur savait que ce concours ne lui ferait pas défaut, il en avait déjà reçu l'assurance par cette lettre que lui avait fait adresser le cardinal Foulon, primat des Gaules :

ARCHEVÊCHÉ   Lyon, le 10 juillet 1889.
    de
LYON

« Monsieur,

« Monseigneur le Cardinal, archevêque de Lyon, a reçu votre lettre du 5 juillet et me charge de vous dire qu'il approuve et qu'il bénit de tout son cœur l'œuvre que vous fondez à Paris en faveur des jeunes maronites du Liban.

« Veuillez agréez, Monsieur, mes hommages respectueux.

« Signé : AD. JEANNEROT,
« Vicaire général. »

Il partit donc pour Rome.

Son séjour dans la Ville Éternelle dura cinq mois, durant lesquels il éprouva toutes les déceptions capables d'affliger des âmes plus fortes que la sienne.

Les sacrifices d'argent ne comptaient pas, quoique ces derniers fussent bien lourds pour sa maigre bourse. Nous ne relaterons pas ici les nombreux incidents dont il fut victime : il faudrait mettre en cause des personnalités auxquelles il ne nous approuverait même pas de faire allusion. Et cependant que de choses intéressantes il y aurait à dire; intéressantes et surtout instructives sur la reconnaissance et le désintéressement de ceux qui les premiers doivent pratiquer ces principes.

Ce qui pouvait concerner le pays a été consigné dans un rapport qui a été transmis au gouvernement par l'intermédiaire de notre éminent ambassadeur près le Saint-Siège.

Pendant ce temps, les événements politiques faisaient changer les membres du gouvernement, et forcément on ne s'occupait plus de l'œuvre.

Le fondateur fatigué, se retira dans son pays, à ..., non point pour se reposer, mais pour attendre le moment opportun de reprendre ses travaux.

Deux années après, il crut ce moment arrivé et se remit à la besogne.

Après s'être assuré le concours des autorités et de quelques hautes personnalités de la ville, il s'assura la possession d'un vaste immeuble dont il meubla une partie, de façon à recevoir de vingt à vingt-cinq enfants et leurs professeurs. Les ressources nécessaires étaient à peu près certaines et tout faisait prévoir que l'œuvre était enfin réalisée.

Par un sentiment de délicatesse que l'on appréciera facilement, il avait formé un comité pour la nomination d'un directeur et d'un trésorier. Il ne voulait occuper aucune de ces fonctions, se bornant à être l'ouvrier, ne demandant et n'acceptant rien de personne. Il n'ambitionnait que de rendre service à son pays.

Cependant il était nécessaire d'aller dans le Mont-Liban pour s'entendre avec le clergé et les familles qui pouvaient désirer confier leurs enfants à l'œuvre. Naturellement cette mission incombait au fondateur. Il n'hésita pas. Mais pour que la mission obtînt un bon résultat, il fallait, une approbation du gouvernement. Dans le but d'obtenir cet appui, il publia une petite brochure où il résumait tous les renseignements relatifs à l'œuvre, il y fit figurer le nom des membres du comité de patronage et même une vue de l'immeuble où devaient être reçus les jeunes Orientaux.

Il s'adressa ensuite à un député pour faire remettre quelques exemplaires de la brochure et une demande de protection morale au ministre. Ce député, un vaillant et un patriote passionné pour tout ce qui concerne le bien du peuple et de la patrie, qui par son talent est appelé à rendre de nombreux services au pays, se chargea avec d'autant plus de plaisir de transmettre brochures et demande qu'il approuvait le but poursuivi.

Sa lettre bienveillante du 9 juillet 1892 en témoigne :

CHAMBRE   Paris, le 9 juillet 1892

des

DÉPUTÉS

- « Monsieur,

« Je vous accuse réception des brochures que vous avez bien‑
voulu m'envoyer. Je les ai transmises à Monsieur le Ministre des
Affaires étrangères en les recommandant à son attention, avec votre
demande.

« Dès que j'aurai une réponse de la part du Ministre, je m'empres‑
serai de vous en faire part.

« Veuillez agréer, Monsieur, l'expression de mes sentiments
distingués.

« Signé : RAIBERTY. »

La réponse attendue tardant à venir, le fondateur résolut de partir
pour Paris. Il s'adressa à M. Burdeau, alors ministre de la marine,
auprès duquel il fut introduit, par l'intervention d'un ami commun.

M. Burdeau s'empressa de mettre son influence au service des
Orientaux, et adressa lui-même une demande de mission au ministre
de l'Instruction publique, duquel il reçut cette lettre :

MINISTÈRE
de
L'INSTRUCTION PUBLIQUE
des Beaux-Arts et des Cultes.

DIRECTION
du
SECRÉTARIAT ET DE LA COMPTABILITÉ

1er BUREAU

Objet :
*Au sujet de M. ***

RÉPUBLIQUE FRANÇAISE

Paris, 26 décembre 1892.

« Monsieur le Ministre,

« Monsieur le Président du Conseil, ministre des Affaires étrangères, que le département a consulté, conformément aux usages suivis en pareille matière, sur l'opportunité de la mission en Orient de M. ***, vient de nous annoncer qu'il attend, pour donner son avis, les renseignements que Monsieur l'ambassadeur de la République à Constantinople doit lui transmettre à ce sujet.

« Dès que la réponse de Monsieur Cambon aura permis à Monsieur Ribot de fixer son opinion, j'étudierai l'affaire avec tout l'intérêt qu'elle vous parait mériter, et je serais très heureux, vous pouvez en être assuré, Monsieur le Ministre, si la suite dont elle sera susceptible répond aux intentions que vous m'avez fait l'honneur de m'exprimer.

« Agréez, Monsieur le Ministre, l'expression de mes respectueux et dévoués sentiments.

« *Le Directeur du Secrétariat et de la Comptabilité,*

« Signé : CHARME. »

A Monsieur le Ministre de la Marine et des Colonies, secrétariat particulier.

Nous pourrions donner encore copie d'autres lettres émanant du ministère des affaires étrangères, du ministère du commerce et de hautes personnalités qui toutes démontreraient, une fois de plus, le grand intérêt que l'on porte à cette question. Mais il est inutile de témoigner par de nouvelles preuves la sollicitude de la France à l'égard dés Orientaux.

L'œuvre de notre compatriote, malgré ses efforts, n'a pas été fondée; il a eu le chagrin d'y renoncer après y avoir non seulement épuisé le plus clair de ses ressources, mais encore en gardant la responsabilité de son organisation.

Disons tout de suite que s'il n'a rien demandé et que s'il a repoussé des propositions de récompense, il ne demande rien.

Disons aussi pourquoi il a renoncé à son projet après avoir intéressé à son œuvre les plus hautes personnalités gouvernementales : d'abord de nouveaux événements politiques, précisément au moment où M. Cambon, ambassadeur de France à Constantinople, était saisi de la question par le ministre des affaires étrangères, alors M. Ribot, firent changer le ministère. Mais ce n'est pas la vraie raison, car les nouveaux ministres seraient certainement intervenus : Toute la faute en revient aux Orientaux eux-mêmes, ou plutôt à certains d'entre eux qui les représentent. Ils n'ont pas su apprécier le bien que l'on voulait faire à leur pays et à eux; et, par des procédés que justifie seul un manque d'appréciation; par une faiblesse qui leur a fait subir une influence étrangère, et peut-être encore par un sentiment que nous ne révélerons pas, ils ont découragé une initiative qui semblait ne devoir fléchir devant rien.

Nous savons que notre compatriote regrette aujourd'hui sa décision, mais, comme il le dit lui-même, il n'est pas indispensable, et peut-être d'autres plus autorisés et plus forts feront mieux.

Nous n'avons relaté ces faits dans notre livre que pour montrer
avec quel empressement, quand il s'agit des chrétiens d'Orient, le
gouvernement répond aux demandes qui lui sont faites et est disposé
à intervenir.

On a prétendu que la République française était oublieuse des
traditions d'amitié entre la France et le Liban, on se sert de ces
arguments pour essayer de s'introduire dans la montagne et y porter
atteinte à notre prestige.

On voit combien ces insinuations sont fausses; comme nous l'avons
déjà dit, la République n'oublie aucune des bonnes traditions de la
France; elle les maintient au contraire avec beaucoup de persévérance.
Elle fait pour les chrétiens d'Orient ce que les gouvernements précé-
dents ont fait, plus peut-être, en tenant compte de cette considération
qu'il s'agit de citoyens appartenant à une nation étrangère. Ses sacrifices d'argent, qu'elle ne compte pas, sont considérables.

Là, comme ailleurs, la France n'envisage point un intérêt personnel,
elle fait œuvre de civilisation et d'humanité, les Orientaux doivent le
comprendre et ne point oublier.

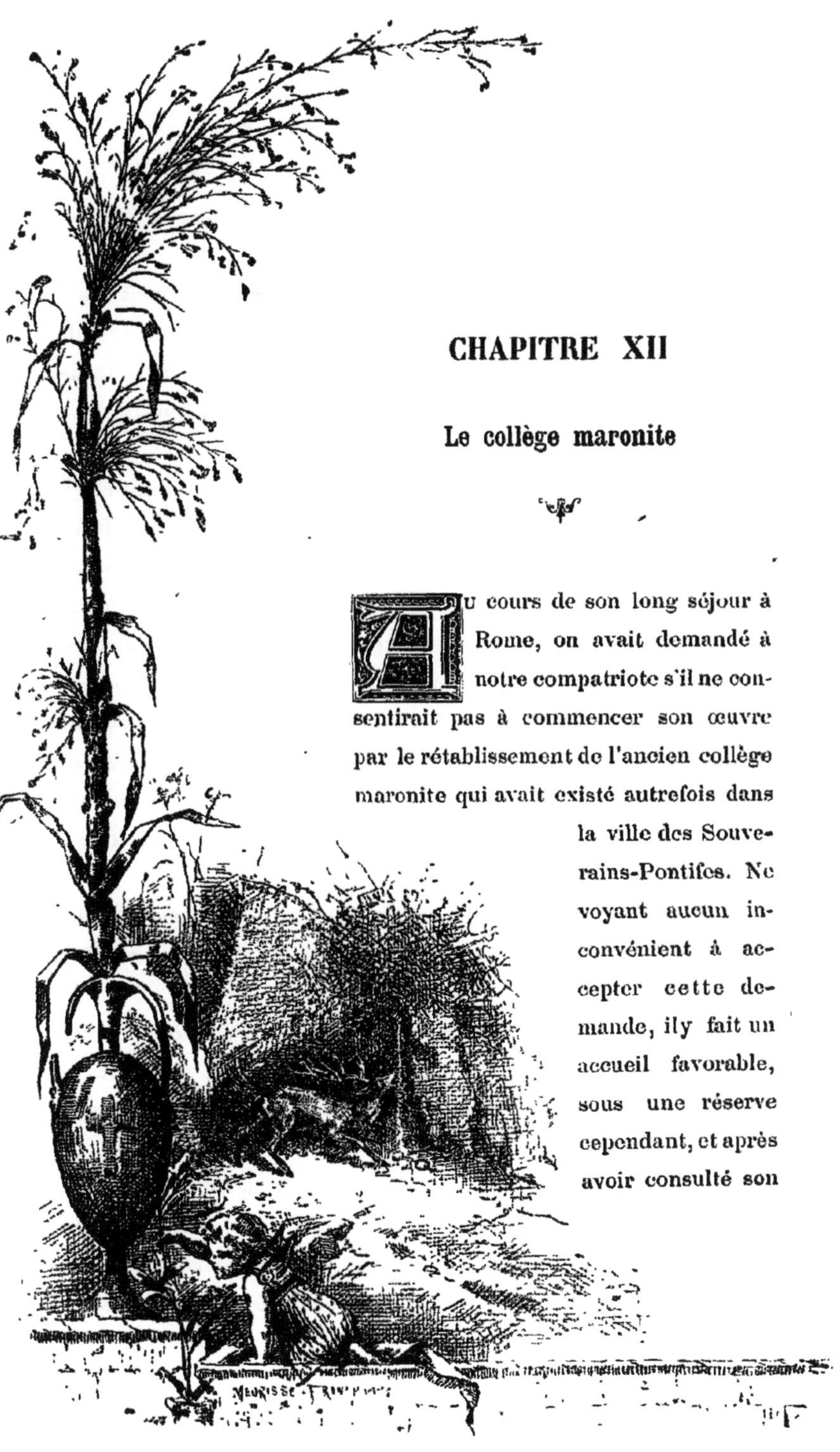

CHAPITRE XII

Le collège maronite

Au cours de son long séjour à Rome, on avait demandé à notre compatriote s'il ne consentirait pas à commencer son œuvre par le rétablissement de l'ancien collège maronite qui avait existé autrefois dans la ville des Souverains-Pontifes. Ne voyant aucun inconvénient à accepter cette demande, il y fait un accueil favorable, sous une réserve cependant, et après avoir consulté son éminent collaborateur, Monseigneur l'archevêque de Damas, il se met, avec ce dernier, résolument à l'œuvre.

Le collège qu'il s'agissait de rétablir avait été primitivement fondé, à Rome, à l'initiative du pape Grégoire XIII. Ce Souverain-Pontife, par sa bulle en date du 27 juin 1584, avait, pour réaliser cette fondation, désaffecté l'une des églises qui se trouvaient au centre même de la ville, dans le quartier de Trévi.

L'immeuble existe encore; il est, aujourd'hui, la propriété de religieux polonais; la rue qui le longe porte toujours le nom de *Via dei Maroniti*. La maison devait recevoir gratuitement les jeunes Orientaux maronites pour en faire des prêtres lettrés. Grégoire XIII ne se borna pas à affecter la maison, il assura encore un revenu convenable pour son bon fonctionnement, et en confia la direction aux Pères de la Compagnie de Jésus. L'établissement a fonctionné pendant plus de deux siècles avec beaucoup de succès; les élèves que les Pères Jésuites y ont formé leur ont fait le plus grand honneur et sont devenus de véritables illustrations, on pourrait presque dire les seules qu'ait eu le clergé maronite.

On s'est plu, en de nombreuses circonstances, à dire que le collège maronite de Rome a été spolié par Napoléon Ier, par conséquent par la France.

Cette version a, de même, servi d'argument à ceux qui ont contribué au rétablissement. Or, il y a une nuance qu'il n'est pas inutile de déterminer dans le seul but de faire connaître la réalité des faits :

En 1797, le pape Pie VI, voulant amortir la dette, décida, par un bref, la suppression des biens ecclésiastiques pour en faire effectuer la vente, et le produit en être affecté à cet amortissement. Voilà l'origine de l'expropriation dont on ne doit pas discuter la sagesse

Patriarche Grec Catholique

puisqu'elle émane du Saint-Père. Les événements, à ce moment, permirent de ne pas exécuter le bref pontifical dans ses dispositions et la vente des biens ecclésiastiques supprimés n'a pas été faite ; elle n'eut lieu que quatorze années plus tard sous un autre pontificat.

En effet, en 1810, l'Empire reprenait le projet et le 5 août de cette année, un décret impérial relatif à l'organisation financière et civile des États pontificaux comprenait, dans l'une de ses dispositions, la vente de propriétés ecclésiastiques jusqu'à concurrence du montant de la dette et pour éteindre cette dette : soit cinquante millions.

Les biens appartenant aux religieux étrangers n'étaient pas compris dans ces expropriations, il ne s'agissait absolument que de ceux appartenant en propre à la Cour de Rome. Et de fait, aucun des biens qui lui étaient étrangers n'a été touché.

En 1811, un nouveau décret impérial augmentait l'affectation de onze millions ; c'est dans cette nouvelle nomenclature que furent compris les immeubles et leurs dépendances du collège maronite qui ont été taxés au chiffre de douze mille francs environ. Pie VII, en revenant de Fontainebleau, en 1814, ratifia la vente du collège maronite en faisant la réserve que les Pères Jésuites pourraient reprendre le local de l'habitation contre indemnité, s'ils le désiraient, ce qui n'a pas eu lieu.

Il résulterait donc bien que les maronites n'ont pas été dépossédés de leur collège de Rome par la France : d'abord parce que ce collège aurait appartenu au Saint-Siège en toute propriété et qu'ils n'en étaient que les usufruitiers temporaires ; ensuite, et c'est pour cette seule raison, parce qu'il a été englobé avec d'autres biens ecclésiastiques, étant au même titre propriété de la cour romaine, dont la vente devait servir au règlement financier des États pontificaux. Donc il n'y a eu aucun acte arbitraire de pouvoir ; l'arrangement a été établi par Pie VI, mis en pratique par l'administration impériale et sanctionné par Pie VII. On n'a d'ailleurs excipé d'aucun titre de propriété pour prétendre le contraire.

Pas plus alors qu'aujourd'hui, la France n'a songé à agir dans un but d'intérêt personnel contraire aux sentiments de sa mission civilisatrice.

L'archevêque de Damas et notre compatriote n'ont rien négligé pour arriver au but, mais l'un et l'autre possédaient le même esprit français et n'avaient ni le droit, ni le pouvoir de lutter contre des forces plus grandes que les leurs.

La maison française n'a pas été fondée, mais le collège maronite de Rome l'a été.

Le Saint-Père, dans sa paternelle et bienveillante sollicitude pour tout ce qui concerne les chrétiens d'Orient, est, par le fait, le fondateur de la nouvelle maison ; naturellement la France n'y est pas étrangère, elle a déjà fourni sa participation financière dont le concours a été le premier sollicité.

Ce n'est pas sans un vif sentiment de plaisir que nous avons vu se réaliser ce beau projet ; le collège maronite de Rome rendra encore de très grands et de très réels services ; le passé est garant de l'avenir et avec des intelligences telles qu'en fournissent les Orientaux, la Syrie, par ce moyen, peut espérer de voir revivre ses Assémani. D'autre part, nous ne pouvons blâmer notre compatriote de s'être retiré après avoir accepté la mission qui lui était confiée et y avoir travaillé avec le saint archevêque, Monseigneur Nematallah Dahdâh (1)

---

(1) Mgr Dahdah a droit à la reconnaissance des maronites, car il a usé sa vie dans les travaux pour parvenir au rétablissement du collège de Rome.

auquel revient l'honneur d'avoir aplani les premières difficultés et dont on a fait que suivre la route tracée par lui.

Ses raisons sont bonnes : catholique sincère et pratiquant, profondément dévoué au Saint-Siège auquel il obéit passivement, mais Français, il voulait une direction française ou indigène, il rencontra une opposition, il se retira plutôt que de céder.

Toutefois constatons que l'œuvre du collège maronite de Rome est due à une initiative française et voici le document qui le prouve :

ARCHIÉPISCOPAT
us Damasci

« *Nous, Namatallah Dahdâh, archevêque maronite de Damas, approuvons et prenons sous notre protection l'œuvre fondée en faveur de la nation maronite par Monsieur* *** , *consistant notamment en la reconstitution du collège maronite de Rome, qui a fourni à la civilisation chrétienne en Orient et à la science des hommes dont les services sont très appréciables, même en Europe.*

« *L'utilité de cette œuvre, qui s'impose et qui existerait déjà si les moyens dont dispose la nation le permettaient, a été hautement approuvée en notre présence, à Rome, par Leurs Eminences le cardinal Siméoni, préfet de la Sacrée Congrégation de la Propagande, qui, dans sa bienveillante sollicitude, et comme preuve de son précieux encouragement, a accepté d'en être le trésorier ; le cardinal Rampolla, ministre d'État de Sa Sainteté, qui a, en outre, daigné encourager le fondateur et s'en faire l'interprète auprès du Saint-Père ; par le cardinal Macchi, dont la précieuse protection a été aussi accordée et par d'autres hauts personnages.*

*Au nom de la nation maronite, à qui ce collège donnera un clergé d'élite qui s'occupera aussi de faire des conversions au progrès de la civilisation chrétienne en Orient, nous acceptons l'offre qui nous a été faite d'être le directeur spirituel de l'œuvre que nous recommandons, ainsi que M***, au clergé et aux catholiques, espérant que Dieu permettra la prompte réalisation du projet et que les maronites pourront encore venir puiser dans la Ville Éternelle les sciences qu'ils viendront ensuite répandre en Orient pour le triomphe de la religion chrétienne, la propagation de la civilisation, la conversion des infidèles et l'honneur de tous ceux qui auront contribué à une aussi grande œuvre.*

« *Donné à Rome, ce 9 octobre 1889.*

« ✝ H. Nematallah Dahdah,
« *Archevêque maronite de Damas.* »

Et maintenant, rendons hommage à Sa Grandeur Monseigneur Elias Hoyek, archevêque maronite d'Arca et vicaire de Sa Béatitude le Patriarche de la Nation. L'infatigable dévouement de l'éminent prélat ne s'est jamais lassé un seul instant, depuis qu'il a été placé à la tête de l'œuvre et ses intelligents travaux ont été féconds en résultats.

Patriarche Maronite

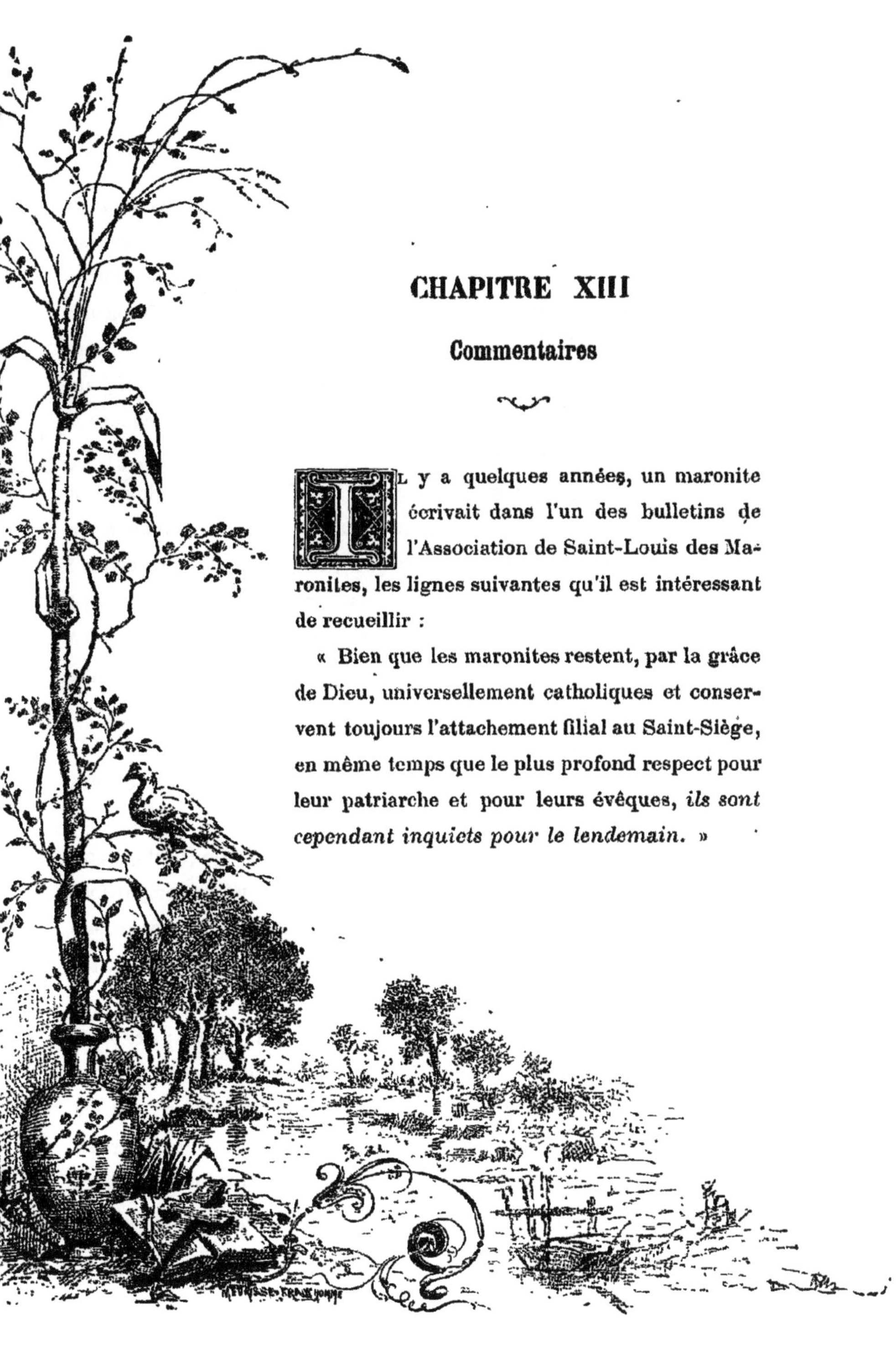

CHAPITRE XIII

Commentaires

IL y a quelques années, un maronite écrivait dans l'un des bulletins de l'Association de Saint-Louis des Maronites, les lignes suivantes qu'il est intéressant de recueillir :

« Bien que les maronites restent, par la grâce de Dieu, universellement catholiques et conservent toujours l'attachement filial au Saint-Siège, en même temps que le plus profond respect pour leur patriarche et pour leurs évêques, *ils sont cependant inquiets pour le lendemain.* »

La phrase que nous soulignons semble pleine de révélations. De quelle nature peuvent être ces inquiétudes dont on nous apprend ainsi l'existence? La suite de la correspondance va nous le faire connaitre.

« La jeunesse syrienne, qui apprend dans les collèges et les écoles les langues européennes et surtout la langue française, est plus exposée qu'autrefois à lire dans des livres et des journaux capables *de lui faire perdre, avec sa foi, ses anciennes traditions de respect envers le clergé et d'amour pour la France.*

« N'est-il pas inquiétant de considérer les efforts des missionnaires protestants accourant d'Amérique, d'Angleterre et d'Allemagne, en Syrie, en cherchant, par tous les moyens, à se créer des prosélytes ?

« Si, jusqu'à présent, ils n'ont pas réussi près du peuple maronite, à lui faire perdre la foi de ses pères, ils n'ont pas moins cherché à inculquer à une grande partie de la jeunesse une sorte d'indifférentisme pour tout ce qui touche la religion. »

En effet, cela est très bien fait pour être inquiétant ; le correspondant du Bulletin de Saint-Louis, qui parle volontiers de l'Amérique, de l'Angleterre, de l'Allemagne et omet de parler de l'Italie (?), dans son énumération, démontre tout simplement combien notre compatriote voyait juste dans ses appréciations; il désigne même les causes de ses luttes et celles qui contribuèrent à le faire se résoudre à une retraite.

Les Libanais veulent avoir leur autonomie, leur liberté ; ces aspirations sont généralement considérées comme légitimes et ne peuvent qu'être approuvées ; elles doivent même être secondées tout en considérant que les Libanais sont les sujets du Sultan et que ce dernier ne néglige rien pour les protéger ; et, d'autre part, que les nécessités de la politique européenne s'opposent à une émancipation totale qui entraînerait des complications regrettables. Un progrès déjà très grand a été réalisé en faveur des chrétiens du Liban ; s'ils continuent à avoir la sagesse de considérer, comme ils doivent l'être, les efforts tentés pour eux, surtout s'ils secondent ces efforts ainsi que la sagesse et leur intérêt le commandent, l'avenir leur appartient.

Cependant, la citation que nous venons de faire où on a lu les craintes du maronite à qui nous empruntons cette citation, est de nature à provoquer quelques commentaires.

Des voyageurs, qui ont écrit la relation de leur voyage dans le Mont-Liban, ont constaté, avec regret, et rapportent que l'esprit d'attachement à la France y est singulièrement modifié dans le sens défavorable. Ils représentent la jeune génération syrienne comme étant non seulement indifférente, mais encore hostile ; que, séduite par les promesses ou les flatteries de ceux avec qui nous sommes en rivalité d'influence en Syrie, elle fait très délibérément fi de la fameuse tradition, dont elle ne se réclame plus que pour quémander des faveurs ou des secours.

Ces écrivains s'indignent et qualifient durement cet oubli de la vieille amitié franco-libanaise. Mais ces choses sont-elles croyables, existent-elles réellement ; s'agirait-il de ces fâcheuses considérations dans la phrase de la citation que nous avons soulignée ?

. . . . . . de lui faire perdre avec la foi, ses anciennes traditions de respect envers le clergé et d'amour pour la France. . . . . .

Ou cette phrase est-elle simplement une ruse pour ne pas dire une menace ? Nous ne voulons pas croire à des combinaisons aussi misérables.

Le rapport, publié l'année dernière par Monseigneur Hoyek à l'occasion du congrès eucharistique de Reims, tenu sous la présidence du cardinal Langénieux, dément les écrivains et donne aux phrases que nous relevons le sens d'une simple manifestation de craintes futures.

Le prélat dit, en effet :

« Nos amis de France peuvent-ils souffrir qu'une population aussi fidèle à l'Église, et aussi dévouée à leur pays, soit abandonnée à la merci des missionnaires protestants, qui font tous leurs efforts pour lui arracher la foi de la présence réelle de Notre Seigneur dans l'Eucharistie ? Ne veulent-ils plus lui venir en aide pour donner à ses jeunes générations une éducation chrétienne en langue française et selon la méthode adoptée par les missionnaires et les sœurs français? J'ai beaucoup de peine à le croire. Accoutumés depuis longtemps à trouver toujours en France une généreuse sympathie, les maronites ne peuvent que recourir avec confiance à cette source inépuisable de charité chrétienne. Aussi est-ce à la charité catholique du clergé et du peuple français que nous adressons notre appel pour avoir les ressources nécessaires aux œuvres d'éducation que nous entreprenons pour la gloire de Dieu et le salut des âmes. Nous faisons un appel particulier à la charité des dames françaises qui se distinguent par leur zèle et leur dévouement, à perpétuer dans leurs familles l'esprit de foi et les coutumes chrétiennes, espérant qu'elles voudront bien nous venir en aide pour former au Liban de bonnes mères de famille, qui imiteront leur exemple en travaillant à conserver et à développer, chez le peuple maronite, l'amour de Dieu, de l'Église et de la France.

Certes, ces dires émanant d'une aussi grande autorité, qui ne saurait dissimuler la vérité, détruisent en entier les déclarations des auteurs dont nous venons de parler, et nous édifient.

Nous n'ignorons pas que certains Syriens en sont arrivés à considérer comme une charge trop lourde la reconnaissance envers notre pays ;

ceux-là prétendent que la France ne fait pas assez pour eux et nient parfaitement la tradition. Ils vont quelquefois plus loin en parlant de services réciproques, d'intérêt politique et d'autres choses qui ne sont que de fort mauvaises excuses, mais dont il est facile de deviner la source.

Nous savons qu'il y a des Libanais résidant dans des contrées, de l'autre côté de nos frontières, qui non seulement ont perdu le souvenir de la tradition, mais aussi celui du respect et des simples convenances.

On nous a rapporté que ces *natures d'élite* professent pour la France les sentiments de malveillance des nationaux des pays où ils habitent. Atteints de gallophobie, eux aussi, mais sans conviction et par simple esprit courtisanesque, ils unissent leur voix dans le concert des diatribes aussi folles qu'injustifiées, dont l'écho vient s'éteindre à nos frontières.

Mais si nous constatons cette sottise avec peine, elle n'a pas la force de provoquer une inquiétude quelconque. Il y a des brebis galeuses partout, dans les troupeaux les plus sains. Ce sont ces renégats, et la chose est regrettable, qui ont permis à des écrivains, peut-être un peu superficiels, de supposer la généralité de l'ingratitude et de comprendre les bons avec les rares mauvais dans un même mépris.

Ceux-là seuls, dont nous venons de parler, nous sont indifférents. Révéler que s'ils nient la tradition, ce n'est pas dans toutes les circonstances, car s'il n'est point de platitudes auxquelles ils descendent devant ceux dont ils flattent les convoitises et qui veulent se les rendre favorables, il n'est pas de souvenirs qu'ils n'invoquent et de protestations menteuses qu'ils ne fassent, quand ils osent encore nous solliciter, et ils le font souvent.

Révéler ces vilenies, c'est punir leurs auteurs, en leur attirant la considération qu'ils méritent de la part de tous les honnêtes gens, parmi lesquels figure l'énorme majorité de leurs compatriotes.

L'exception, en cette circonstance et plus que dans d'autres, confirme heureusement la règle, nous nous plaisons à le constater. Ces quelques-uns, si rares, disséminés dans une ou deux contrées de l'Europe, abâtardis par des sentiments dont le mépris fait justice, font encore ressortir et rendent plus forts l'amour et la fidélité de la race.

On nous répète souvent que les missionnaires protestants travaillent avec beaucoup d'acharnement à corrompre les populations chrétiennes du Mont-Liban ; nous y joindrons, parce que nous le savons pertinemment, les manœuvres employées dans le même but, par des agents spéciaux de nations, nos voisines ; mais que pouvons-nous craindre ? La jeune génération ne se laissera pas séduire par la perspective d'une protection qu'on leur fait entrevoir et dont l'inefficacité est certaine ; elle ne s'humiliera pas davantage à faire un sacrifice de l'héritage moral, légué par les ancêtres, sur la promesse d'un concours, dont les nébuleux de l'avenir cachent le vrai but... et les dangers.

Il est absolument inutile d'insister sur les droits comme sur les devoirs réciproques de la France et des chrétiens d'Orient, en particulier ceux du Mont-Liban ; l'histoire les établit suffisamment et les preuves nombreuses de leurs relations se trouvent dans les deux pays.

La France, en ce qui la concerne, n'a jamais failli dans son action protectrice et ne faiblira pas ; quant aux Syriens, il n'appartient qu'à eux de continuer à justifier cette bienveillante protection et de la maintenir dans toute son efficacité.

Il y a des considérations d'un ordre privé que les chrétiens du

Mont-Liban devraient sagement abandonner dans l'intérêt de leur cause. Les Libanais font très malheureusement de la différence des rites une question primordiale, et compromettent bien des intérêts en des querelles puériles; de là des divisions et des manœuvres dont on cherche vainement l'excuse.

Maronites, grecs catholiques, arméniens et les autres se jalousent et se prétendent des droits de supériorité tout à fait déplacés; et ce sont des revendications de prestige, de fidélité, de talent, dont la mesquinerie est bien peu digne du rôle que les chrétiens d'Orient sont appelés à jouer dans l'avenir.

Toutes ces questions de clocher, pour quelque argumentées qu'elles soient, ne sauraient prévaloir sur le plus petit fait accompli par le travail et l'intelligence; bien plus, elles peuvent devenir un obstacle à la bonne direction de la politique extérieure, d'où dépend entièrement l'autonomie, cause de leur liberté, de leur supériorité. On peut même dire sans exagération : cause indispensable à leur existence morale.

En Syrie, les chrétiens, de par l'esprit même de la religion, sont les premiers civilisateurs, c'est chose sue et indiscutée.

C'est par eux que le pays atteindra le degré d'émancipation où les hommes trouvent les éléments pour le libre exercice de l'initiative; d'où nait la vraie constitution sociale et le bonheur des peuples.

Mais (car il y a un *mais*, gros de considérations qui s'imposent) pour pouvoir remplir ce beau rôle de civilisateurs, il est indispensable que les chrétiens de Syrie secouent les préjugés surannés de caste et de rite, qui font trop souvent naitre des complications paralysantes.

Dieu accepte l'adoration de tous ceux qui le reconnaissent. Au même titre, et sans tenir compte de la façon dont cette adoration est pratiquée. Il les comprend tous dans un même et inépuisable amour.

L'illustre Père, qui sur la terre, préside aux destinées de

l'Eglise de Dieu, nous a démontré par la Lettre Encyclique, dont nous donnons le texte au second chapitre de ce livre, qu'il les confond, lui aussi, dans une même et bienveillante sollicitude.

Léon XIII, dans la haute sagesse de ses appréciations de la Volonté du Créateur, commande le respect des différents rites orientaux au clergé romain ; le commandement s'adresse, de même, a *fortiori* aux Orientaux, pour qu'ils observent ce respect entre eux.

Voudraient-ils se soustraire à l'observation des ordres du Saint Père ? Nous sommes bien persuadés que non, qu'au contraire ils sont heureux quand les circonstances le leur permettent, de témoigner de leur obéissance au successeur de Pierre.

Alors, le fait que nous avons constaté n'est que le résultat d'une appréciation erronée.

Le maronite peut-il, sans manquer de charité et à la parole divine: « Aimez-vous les uns les autres », se prétendre supérieur au grec catholique ; le grec catholique croit-il pouvoir, sans dénaturer l'esprit divin, s'arroger une suprématie sur les arméniens, et ainsi des autres catholiques ?

Non.

Tous chrétiens, par conséquent, tous frères, tous doivent s'aimer, se soutenir, fraterniser et marcher la main dans la main, dans la voie qu'éclaire le phare radieux de la civilisation chrétienne. Que le fort descende jusqu'au plus faible et qu'à l'exemple du Maitre, qui s'abaisse bien jusqu'à nous, Lui ! ce soit sans orgueil et surtout sans intention humiliante.

Nous avons constaté bien des fois, avec regret et même avec chagrin, le spectacle pénible des divisions entre les représentants des différents rites de l'Église orientale : celui-ci se parant pompeusement, d'une façon ridicule du monopole de la foi en l'Église et de la fidélité

Prêtre (Liban)

en la France ; celui-là ne dédaignant pas de recourir à des insinuations perfides, pour prouver le contraire et faire, à son tour, étalage de son dévouement. Les uns et les autres, enfin, faisant assaut de paradoxes diplomatiques plus ou moins savants pour obtenir quoi ? Un privilège, une faveur qu'on leur donnerait bien sans cela ; ou,. tout simplement, pour la satisfaction d'un amour propre très déplacé. Les auditeurs de ces vantardises, mitigées de diatribes malsonnantes, ne sont point abusés et les auteurs y gagnent un peu moins de considération, voilà tout.

Si, en politique, par un usage abusif, on transige, on concède, on dissimule selon que les circonstances doivent être favorables ou contraires aux politiciens, en religion, on doit demeurer immuable dans ses sentiments ; la vérité s'impose aux religieux, dont le premier devoir est d'être vrais et charitables. Dans le cas contraire, c'est laisser le champ libre aux suspicions et donner prise à des commentaires défavorables en les justifiant.

Quels services croient-ils avoir rendus, ces envoyés que nous avons vus en France, exagérant les louanges pour les leurs et en insinuant avec une certaine malveillance contre les autres, leurs compatriotes.

Quelle belle appréciation d'eux-mêmes croient-ils avoir fait naître dans l'esprit de ceux de qui ils se sont approchés en se disant les seuls véritables soutiens de la Foi et des traditions en Syrie, et en grossissant d'une façon irraisonnable le nombre de leurs adeptes respectifs.

Si notre souvenir est bien fidèle, et il l'est, car le fait date à peine de quelques mois, le représentant le plus autorisé de l'une des nations chrétiennes du Mont-Liban ne dédaignait pas de dire, à Paris, où il était de passage, les choses les plus invraisemblables ; il alla même, dans son aveuglement, jusqu'à lancer quelques traits contre les Pères français de la Compagnie de Jésus de Beyrouth. Cette attaque était bien malheureuse et aurait pu avoir des conséquences, aussi fut-elle rectifiée.

On n'est point, en France, aussi ignorant de ce qui se passe en Syrie que semblent le supposer certains Syriens. Si on ne relève pas souvent les petites erreurs combinées qu'ils viennent nous exposer, c'est qu'elles ne nous touchent guère et surtout parce que nous savons combien le soleil d'Orient chauffe les esprits et leur donne des conceptions aussi fécondes qu'exagérées.

Et puis, en dehors de ces quelques-uns, si rares, dont nous parlons précédemment, nous aimons bien les Syriens et ils nous le rendent. S'ils sont un peu..... « Tartarin », comme dirait Alphonse Daudet, ils sont nos fidèles amis et ils peuvent compter sur la France, toujours, parce que la France les considère un peu comme ses enfants et non les moins aimés.

Notre critique ne peut rien avoir de blessant, nous espérons que ceux qui nous feront l'honneur de lire ce livre ne supposeront pas un instant que notre profonde amitié pour les Syriens peut être atténuée par une intention quelconque de malveillance. Nous écrivons une page de l'histoire libanaise, nous devons, dans nos effleurements des choses, dire ce qui est : Louanges et critiques, doivent être frappées au coin de la plus scrupuleuse exactitude ; c'est ce que nous nous sommes efforcés de faire, sans nous départir un seul instant de la belle pensée de Térence, que nous possédons bien :

« *Homo sum, et nihil humani a me alienum puto.* »

Les chrétiens du Liban, pour l'accomplissement de la mission qui semble leur incomber, doivent s'élever au-dessus des préjugés qui ne sont pas de notre époque.

Nous ne sommes plus au temps des croisades, la petitesse de vue n'est plus de saison et ce n'est que par un esprit large, un esprit de tolérance qui s'impose, qu'ils arriveront au but. Leur foi aujourd'hui, si elle est indispensable, ne leur suffit plus toute seule ; il faut, avec elle, le travail qui leur procurera les ressources nécessaires d'où doivent dépendre leur prestige et leur autorité.

Les craintes qu'ils manifestent de voir diminuer et peut-être disparaître l'esprit de tradition parmi les jeunes ne peuvent pas nous paraître justifiées, ceux qui les invoquent si souvent ne doivent pas voir très bien dans leur sollicitude.

S'il s'agissait de gens incivilisés d'un peuple primitif, n'ayant ni cœur, ni intelligence, ou foncièrement mauvais, alors ce serait peut-être possible, car il est facile de séduire l'ignorant et le méchant. Mais ce n'est pas le cas; les chrétiens du Liban ont assez d'esprit et de cœur pour comprendre et apprécier, ils ont surtout assez de dignité personnelle pour ne pas se vendre au plus offrant enchérisseur. Ils savent bien, tout seuls, se garder contre les tentatives de corruption, capables de les avilir.

La France n'a, en aucune façon, besoin que l'on vienne lui rappeler presque périodiquement les engagements gracieux pris par ses rois ; c'est sous son égide que doit s'accomplir la destinée des Libanais, elle le sait et elle ne l'a jamais oublié. Mais elle ne peut faire ce qui appartient seulement à ces derniers ; qu'ils travaillent donc, non plus en se retranchant derrière des considérations, aujourd'hui sans valeur, qui les font se regarder constamment comme des victimes et dont ils se servent pour inspirer la pitié, mais courageusement. La pitié ne convient plus aux Syriens, car ils ne sont plus des victimes, ils sont des civilisateurs, et comme tels le seul sentiment qu'ils doivent ambitionner de provoquer doit être celui de l'admiration.

Nous n'ignorons pas que les anciens ennemis des chrétiens du Liban revivent en leurs descendants, les vexations se manifestent fréquemment. Ces circonstances ne sont pas, évidemment, sans réveiller les passions des castes et même la mauvaise foi. C'est justement en faisant taire les ressentiments religieux que l'on apaisera ces haines. Le chrétien doit être inébranlable dans sa foi, mais il ne peut pas être fanatique; il doit, au contraire être bon et tolérant.

Il n'y a plus à craindre, dans le Mont-Liban, le retour des épouvantables événements qui ont si souvent ensanglanté son sol et dispersé ses habitants, mais si l'autonomie du Liban fait partie du programme de la politique française, ce que nous n'avons pas à dissimuler, les Libanais doivent ne pas oublier que c'est en souvenir de la tradition que notre gouvernement avait décidé l'expédition de 1860. Les déclarations faites par Napoléon III, lorsqu'il a rappelé ses troupes de Syrie, ne seraient certainement pas oubliées par la République, le cas échéant.

Les sollicitudes de la République sont les sollicitudes de la France, et ne le cèdent en rien à celle de ses anciens rois. Lorsque Léon XIII a ordonné à la catholicité de se rallier à la République, il ne l'a pas fait par simple condescendance et ce n'est pas sans une profonde appréciation qu'Il l'a résolu.

Le Saint-Père n'est pas, comme l'on se plaît à le dire, un fin diplomate et un politique subtil; ces mots sont impropres pour apprécier ses actes. La politique et la diplomatie obligent à des combinaisons dans lesquelles la vérité n'est pas toujours de circonstance, et l'on ne peut, sans injustice, sans offense, soupçonner même que le pape ait transigé avec sa conscience.

Si le Chef de l'Église a ordonné d'accepter le gouvernement républicain, c'est qu'il a estimé que ce gouvernement n'a rien d'incompatible avec la catholicité, et qu'aussi bien que la royauté, il peut continuer de mériter à la France son beau titre de fille aînée de l'Église.

Nous savons que les pasteurs et autres agents de nations rivales de la France, en mission en Syrie, invoquent comme argument, la République athée, ennemie de la religion et de ses ministres. Pour peu que l'on apprécie avec bonne foi, on voit tout de suite qu'il y a du parti pris, dans ces dires, et le parti pris ne va jamais sans le mensonge. Le pape accepterait-il cette forme de gouvernement, lui accorderait-il seulement ses bienveillances, si elle était dangereuse pour la religion dont il est le chef suprême sur la terre? Certes non, et s'il la reconnaît, c'est qu'elle peut et doit l'être. On objectera que les hommes de la République ont persécuté la religion, qu'ils ont voté les fameux décrets d'expulsion, les suspensions de traitement, les droits d'accroissement et épuisé enfin les mesures vexatoires contre le clergé. Mais, halte-là, ce ne sont pas ces hommes, dont nous réprouvons les actes, qui sont les nôtres. Nous parlons de la République avec Dieu, de la République aux vues larges, libérale, générale, égale pour tous, telle que la voit le Saint-Père, telle qu'il nous commande de l'accepter. Voilà ce que ne disent pas les distributeurs de bibles et les faiseurs de promesses, qui noircissent, noircissent toujours, de façon à obscurcir la lumière.

D'ailleurs, les chrétiens d'Orient et surtout ceux du Mont-Liban ont pu constater en maintes circonstances, que la République française, si elle a dû céder à des nécessités politiques dont les catholiques ont subi les conséquences, ces conséquences ne se sont pas étendues jusqu'à eux.

Nous n'avons pas à approfondir ici les causes qui obligent souvent un gouvernement à des décisions pénibles, quand il veut introduire des réformes dans les rouages de la machine sociale. Nous n'avons pas non plus à juger les hommes politiques dans leurs actes. Les événements qui surgissent dans le monde sont fatals, Dieu a donné aux hommes la conscience et l'intelligence, avec lesquelles ils doivent se conduire, en s'inspirant de la Foi : ils seront récompensés ou punis, selon qu'ils se conduisent bien ou mal. Quant à l'Église, la barque de Pierre est insubmersible !

La République entretient en Syrie des écoles pour les chrétiens de tous les rites, elle fait élever à ses frais un grand nombre d'enfants dans différents collèges, de fondation française. N'a-t-elle pas, il y a quelques années, donné aux grecs catholiques l'église de Saint-Julien-le-Pauvre, à Paris ? L'intelligent père Kateb, alors représentant patriarcal, a réalisé des choses étonnantes et profitables à sa nation. comme curé de Saint-Julien-le-Pauvre, dont la donation a été faite à la suite de ses travaux, avec le concours des chrétiens français. Bien plus, avec le bienveillant appui de la République, le père Kateb est parvenu à fonder une maison où ont été recueillis et sont élevés gratuitement de jeunes Syriens grecs catholiques.

La République a encore donné aux Maronites la riche chapelle du palais du Luxembourg et a fondé, à Saint-Sulpice, un certain nombre de bourses, pour des élèves de ce rite. Ainsi ces deux nations, les maronites et les grecs catholiques, ont un siège officiel à Paris, elles y pratiquent la religion chrétienne d'après leurs rites respectifs, sous la protection du gouvernement. La République accorde avec empressement des faveurs qui sont sollicitées pour les chrétiens d'Orient, faveurs qu'elle ne refuse pas non plus aux chrétiens de France, quand elles sont méritées ; elle n'est donc pas, comme on essaie de la représenter à l'étranger et elle professe le respect de la liberté des consciences, la plus sacrée des libertés.

Encore une fois, nous parlons de la République en général, du gouvernement qui incarne la patrie en dehors de toute considération politique, et en aucune façon des hommes en particulier : l'arbitraire, les haines et les persécutions sont méprisables d'où qu'ils viennent, car ces sentiments n'ont rien d'honorable, ni rien de patriotique.

En résumé, le Saint-Père parle à la chrétienté, il s'inspire de Dieu et il y aurait double faute de la part des chrétiens à ne pas obéir en cette circonstance, d'abord contre le chef suprême de l'Église dont la sagesse serait mise en doute, ensuite les chrétiens français pourraient être accusés de manquer de patriotisme et les chrétiens, protégés par la France, seraient soupçonnés d'ingratitude.

CHAPITRE XIV

Une légende

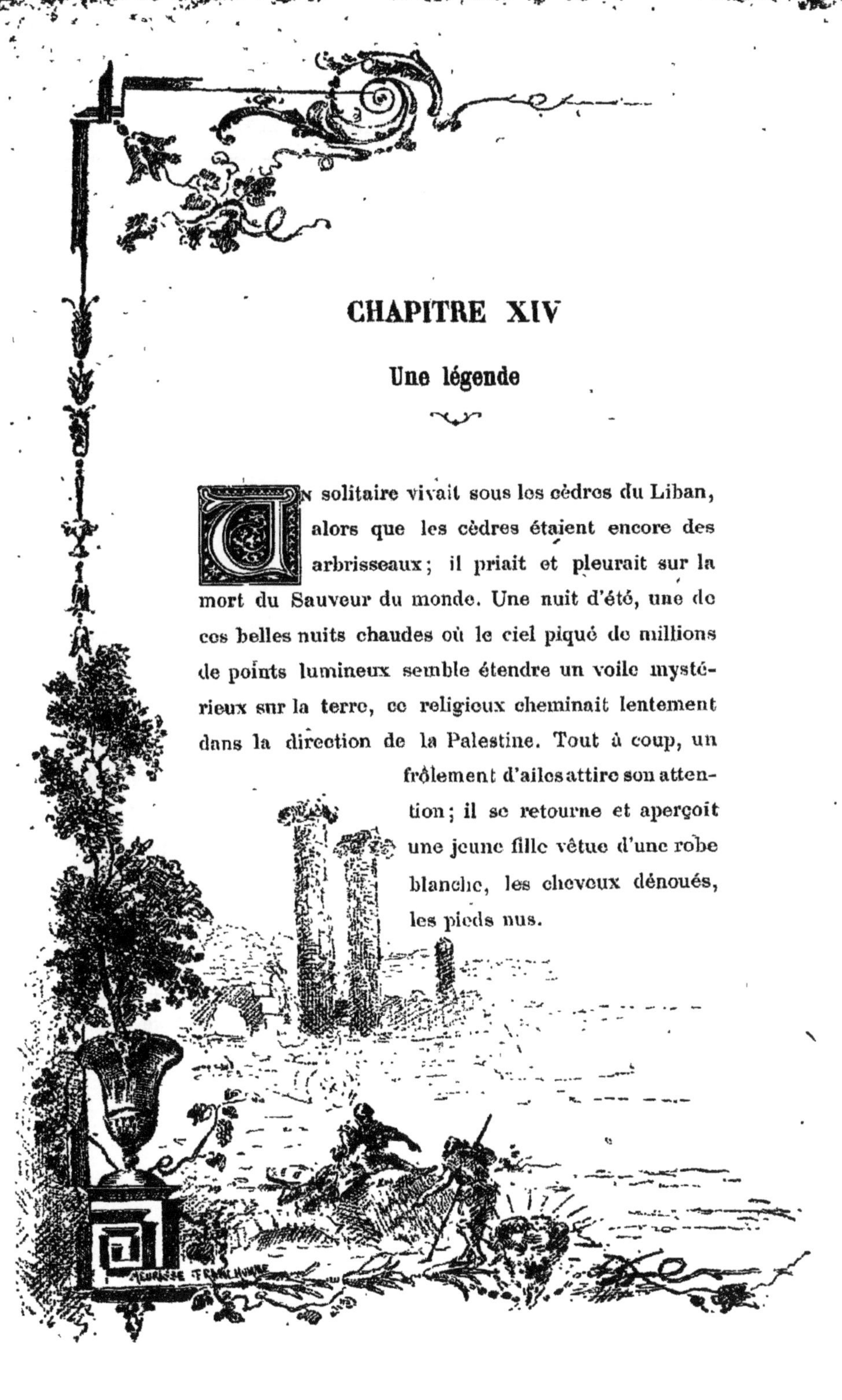

N solitaire vivait sous les cèdres du Liban, alors que les cèdres étaient encore des arbrisseaux; il priait et pleurait sur la mort du Sauveur du monde. Une nuit d'été, une de ces belles nuits chaudes où le ciel piqué de millions de points lumineux semble étendre un voile mystérieux sur la terre, ce religieux cheminait lentement dans la direction de la Palestine. Tout à coup, un frôlement d'ailes attire son attention; il se retourne et aperçoit une jeune fille vêtue d'une robe blanche, les cheveux dénoués, les pieds nus.

— Où vas-tu, vieillard, dit-elle ?

— Je vais en Palestine.

— Tes forces s'useront avant le jour ; tu n'arriveras pas.

— Qu'il en soit fait selon la volonté de celui que je pleure.

— Que cherches-tu ?

— L'Église.

— Je peux t'instruire, vieillard

— Oh ! parle. Mais qui es-tu ?

— As-tu la Foi ?

— J'ai la Foi.

— Ecoute, alors.

Le vieillard tomba à genoux et la jeune fille commença en ces termes : -

— L'Église, c'est la pensée du Dieu que tu pleures, c'est l'humanité ; les empires mourront pour lui faire place.

— L'Église, c'est Dieu, dis-tu, mais sa splendeur pâlit : de pauvres pêcheurs pour apôtres, pour étendard la croix, la foi pour soutien, la parole pour ressource, pour berceau une humble barque !

— C'est l'Église.

— Son chef ?

— Pierre.

— Pierre ?

— Oui, c'est-à-dire le roc impérissable contre lequel se briseront toutes les tempêtes, qui verra s'écouler tous les siècles, qui subsistera toujours !

— Pierre est mortel ?

— Non, l'homme passe, le Pape reste.

— Le Pape ?

Maronite (Liban)

— Oui, qui est toujours Pierre, représentant sur la terre Celui que tu pleures, toujours grand, toujours suprême.

— Mais toujours homme. Dieu ne fit-il pas marcher Pierre sur les flots et Pierre n'a-t-il pas eu peur, n'a-t-il pas douté ?

— C'était l'épreuve.

— Pierre n'a-t-il pas renié Dieu trois fois, par dénégation, avec mépris et enfin par le serment ?

— Parce que Pierre est peccable.

— Donc il est homme, donc il se trompe : ton Église peut vaciller sur le roc que tu dis impérissable. Ce n'est pas l'Église que je cherche.

— Arrête ; Pierre est peccable, il a subi les épreuves, mais il est infaillible.

— Infaillible et pécheur ?

— Infaillible et pécheur : Jésus, après le repas eucharistique, s'apprête à partir pour le Jardin des Oliviers ; avant de quitter Pierre, il lui dit :

— Simon, voilà que Satan me demande de te cribler comme le froment, et moi j'ai prié pour toi afin que ta foi ne défaille pas ; et quand un jour tu seras converti, confirme tes frères.

C'était la promesse de l'infaillibilité.

— Mais s'il pèche, il se trompe, le Pape n'est pas infaillible.

— Le Pape ne sera jamais impeccable comme homme, car il doit prêcher d'exemple et rayonner par le courage de ses luttes et le mérite de ses triomphes ; c'est de là que lui vient sa gloire, mais il demeure infaillible comme Pape, parce qu'il est et restera à travers les siècles l'organe de la Vérité immuable du Créateur.

— Oh ! j'entrevois la vérité !

— Écoute encore :

Celui que tu pleures a fait de Pierre le fondement de l'Église, l'autorité unique, souveraine, le juge qui lie et délie : « *Tout ce que tu lieras sur la terre sera lié dans le ciel, tout ce que tu délieras sur la terre sera délié dans le ciel.* » Mais, et retiens bien ceci : l'autorité spirituelle *infaillible* dans la Foi, dans l'Éternité, dans le gouvernement de l'Église, Pierre, c'est-à-dire le Pape et l'Église, unis par des liens indissolubles dans leur destinée, leurs attributs dans leur infaillibilité.

— Mais où est l'Église, que je cherche, hélas! en vain, où est le Pape ?

— L'Église est partout où réside le Pape, le Pape partout où est l'Église.

Écoute toujours :

Ces cèdres qui viennent de naître résistent déjà aux vents; ils grandiront, ils deviendront colosses; leurs rameaux s'étendront puissants et nombreux sur ces monts encore stériles; les insectes s'attaqueront à eux; impuissants, ils y useront leur vie, et les rameaux grandiront toujours; détachés de leur souche, dont les racines traverseront la terre et y demeureront pour en relier les couches, ces rameaux seront transportés dans le monde, plantés et deviendront à leur tour géants; l'aspect en sera plus ou moins modifié, mais l'origine reste la même et apparaîtra plus splendide par la diversité.

— La lumière est faite en mon esprit, j'ai trouvé l'Église.

— La connais-tu ?

— Je la connais.

— Et le Pape le comprends-tu ?

— Moins.

— Et tu dis que tu connais l'Église! O vieillard! Pierre a renié Dieu, tu renies Pierre à qui seul il appartient, comme chef de l'Église, d'instruire, de reprendre, de corriger, sans usurpation, avec charité; à qui seul appartient l'infaillibilité éternelle. Tu nies la loi sacrée qu'il publie parce que ta faiblesse est déconcertée, parce que les ténèbres de ton esprit sont offusquées par ce symbole.

Prête l'oreille aux bruits du monde, son nom se trouve sur toutes les lèvres, détesté ou béni; il en sera toujours de même, du plus grand au plus petit, du meilleur au plus méchant; en plein soleil, dans l'obscurité la plus profonde, ce nom est prononcé avec amour ou avec haine. Quelle puissance pourra être plus poursuivie? Pape on lui prêtera une nature avilie, ambitieuse, criminelle. On le discutera au nom de la science, du progrès, des libertés même; tantôt par le mépris et l'injure, tantôt par la raillerie ou par la pitié : homme, les hommes le mettent au ban de l'humanité.

Voilà ce que tu penses vieillard.

Mais pourquoi cette guerre de violences contre le Pape? Parce qu'il effraie, parce qu'il est là menaçant la conscience, parce qu'il révèle un vengeur, un juge, un Dieu! Et on a peur et c'est le père, l'ami qu'il faut aimer ou l'être matériel, l'ennemi qu'il faut vaincre. Mais que l'homme tombe, qu'il meure, le Pape reste avec la divinité du Christ, l'éternité de son Église, l'immuabilité de ses promesses en l'au-delà, son infaillibilité spirituelle; la force invincible. La guerre sera éternelle, mais les haines seront impuissantes, elles se briseront contre la tiare à la triple couronne qui restera là comme un signe de contradiction entre les bons et les méchants.

Comprends-tu le Pape maintenant?

— Je le comprends.

— *Maron*, continua la jeune fille en passant sa main diaphane sur le front bruni du vieillard, tu le vois, l'Église, c'est la pensée de Dieu ; Pierre est son chef ; retourne sur tes pas, va répéter mes paroles : lutte, sois fort, tu vaincras.

— Je suis bien débile et bien faible.

— Tu te trompes encore vieillard.

— Quelles seront mes armes ?

— La parole.

— Quel sera mon étendard ?

— La croix.

— Quelle sera ma force ?

— La Foi ?

— Quelle sera ma récompense ?

— Ta nation sur la terre, l'éternité Là-Haut !

Et le vieillard se levant lentement, comme ébloui, transfiguré, s'approche d'un cèdre, en détache deux petites branches et en forme une croix.

— Voilà donc mon étendard, dit-il d'une voix forte. Mais toi, qui viens de mettre la lumière dans mon esprit, qui es-tu ? d'où viens-tu ?

— Qui je suis ? Une humble fille, hier encore ignorante, errant sur les bords d'une plage éloignée de la tienne, déserte, stérile, aujourd'hui éclairée parce que j'ai retrouvé ma mère et que j'accomplis sa mission. Qui je suis ? La fille aînée de l'Église. D'où je viens ? De là-bas, de l'autre côté des mers pour chercher ma sœur, l'aider à grandir, m'inspirer de ses vertus, l'entourer de mon amour.

— Qui est ta sœur ?

— Maron, c'est la nation que tu vas fonder !

Je suis déjà forte, moi, j'ai déjà mon peuple, peuple chevaleresque, insouciant, plein de cœur, encore incivilisé, mais dont l'avenir sera le plus beau parmi les peuples. Attaché à son sol, il l'arrosera de son sang pour le rendre fécond et il le fera splendide; ce peuple aimera le tien, il le protègera et le défendra tant qu'il sera faible; il l'aidera à gravir le chemin difficile du progrès.

Retourne sur tes pas, mon peuple viendra un jour en cette Palestine où tu te dirigeais. Il aura pour drapeau la croix que tu viens de faire; que le tien se joigne à lui; ils retrouveront le baiser que je te donne, ô vieillard, sur qui s'étend la main de Celui que tu verras et que verront tes enfants.

Et la jeune fille baisa le vieillard au front, puis elle s'éloigna avec le même frôlement d'ailes.

— Qui es-tu? crie le vieillard en la voyant disparaître.

— La fille aînée de l'Église.

— Ton nom?

— La France!!

Et elle s'évanouit.

Cette légende, qui ressemble à une prophétie, dont la réalisation a eu lieu depuis longtemps, est toute d'actualité dans ce livre.

Elle aurait été rapportée par un inconnu à Foligno (Italie), dans l'église où est conservé le chef de saint Maron. D'où vient-elle, qui l'a inspirée, quelle est la tradition qui l'a transmise à notre époque? Nous l'ignorons. Ce qu'il y a de remarquable en elle, c'est qu'elle est faite de vérités. Sublime, puis naïve, enfantine, elle respire une fraîcheur qui pénètre jusqu'à l'âme.

Cette définition de l'infaillibilité pontificale est de toute beauté : le Pape peccable pour que, homme, il donne l'exemple de la lutte et de l'accomplissement du devoir; peccable comme homme, mais infaillible comme Pape, c'est-à-dire au-dessus de l'humanité dans les choses spirituelles où , en effet, il ne peut se tromper. Non moins belle est la fondation de l'Église et la création de la nation maronite et cette figure de la Gaule. Il est certain que cette légende avait sa place marquée ici et qu'elle termine bien notre exquisse : *Sous les Cèdres du Liban.*

TABLE DES MATIÈRES

EN VENTE A LA MÊME LIBRAIRIE

HORS SÉRIE

Format in-folio

1. **Théotrade ou L Étoile de Laon,** magnifique volume avec encadrement artistique à chaque page, par SCHMIT.
2. **Théodora ou La Foi en France au VIIᵉ siècle,** splendide édition ornée de plus de 100 gravures, par FONTANA et COLOMBO, élève de Gustave DORÉ.
3. **La France Civilisatrice, Madagascar,** par AUBANEL, très bel ouvrage avec encadrements artistiques orné de nombreuses illustrations.

Format in-folio

1. **Sous les Cèdres du Liban ou Les Bienfaits de la Civilisation Chrétienne en Orient,** par Gaston DECOMBEJEAN, édition de luxe richement illustrée.
2. **Fleurs de France,** par A. de MONTBRILLANT, ouvrage orné de nombreuses gravures.
5. **Fabiola ou L'Église des Catacombes,** par le Cardinal WISEMANN.
6. **Notre Saint-Père le Pape Léon XIII,** par l'abbé Paul BARBIER, étude biographique et littéraire, ouvrage orné de 76 gravures sur bois, édition Firmin Didot.
7. **La Russie,** par DUPRAT, édition Barbou.
8. **Voyage d'une Hirondelle,** par DUPRAT, édition Barbou.
9. **Livre d'Or de la Jeunesse Française,** — —

Format in-4°

1. **Le Midi pittoresque,** par Eugène TRUTAT, édition Barbou.
2. **Itinéraire de Paris à Jérusalem,** édition Barbou.

PREMIÈRE SÉRIE

Format grand in-8°

1. La Nature et son Auteur, par A. de MONTBRILLANT.
2. Fleurs de France,　　　　　—
3. Les Voies Célestes,　　　　　—
4. Fabiola ou L'Église des Catacombes, par le Cardinal WISEMANN.
5. Saint-Vincent-de-Paul, par De Bussy, édition Ardant.

DEUXIÈME SÉRIE

Œuvres de A. de Montbrillant

Format in-4°.

1. Le Maréchal de Mac-Mahon.
2. Biographies d'Enfants Célèbres.
3. Jeanne d'Arc dédiée à la jeunesse française.
4. Nouveaux Sourires du Ciel à la Terre.

DEUXIÈME SÉRIE

Format grand in-8°

1. Le Chevalier Jean ou Les Soldats de la Foi, par Léon VILLE, officier d'Académie, lauréat de la Société d'Encouragement au Bien.
2. Bouquet de bons Conseils, par F. L. M.
3. Marie d'Alezzio, La Sicile sous Charles d'Anjou, par Armand Bréchy, édition Barbou.

DEUXIÈME SÉRIE bis

Format grand in-8°

1. Portraits nouveaux, par A. de MONTBRILLANT.
2. Les Perles du Foyer,   —
3. Les Pauvres Petits!   —
4. Amitié et Dévouement,   —
5. Le Lis de Valfleury,   —
6. Le Chevalier Jean ou Les Soldats de la Foi, par Léon VILLE.
7. Le Fou des Bruyères ou La Guérison miraculeuse,   —

ŒUVRES DE A. DE MONTBRILLANT

TROISIÈME SÉRIE

Format grand in-8°

1. Français toujours.
2. Retour d'Amérique.
3. Jacquelet ou L'Éducation à l'envers.
4. L'Enfant perdu dans les bois.

PREMIÈRE SÉRIE

Format in-8°

1. Un Coup de foudre.
2. Ils ont peur!
3. Fleurs mêlées.
4. Un Mystère.

DEUXIÈME SÉRIE

Format in-8°

1. Un Mystère.
2. Grappes vermeilles.
3. Aventures d'un Contemporain.

TROISIÈME SÉRIE

Format in-8°

1. Que me veux-tu ?
2. Une Mère et son Fils.
3. Lis trop tôt moissonné.
4. Premières Fleurs.

Format in-18°

1. Titi.
2. Nénette.
3. Ma Promenade.

PARIS. — IMPRIMERIE F. JOURDAN, 36-38, RUE DE LA GOUTTE-D'OR.

Paris. — Imp. F Jourdan, 36 38, rue de la Goutte-d'Or.